5월에 드리는 기도 **성모성월**

5월에 드리는 기도
성모성월

펴낸 날	초판	1986년 4월 19일
	개정 1판	1996년 5월 1일
	개정 2판	1998년 3월 31일
	개정 3판	2003년 4월 1일
	개정 4판 1쇄	2021년 4월 5일
	개정 4판 2쇄	2022년 4월 5일
	개정 4판 3쇄	2023년 4월 20일

펴낸 이　손희송
편집인　조한건
편집·교정　김주완
디자인　박다혜
펴낸 곳　한국교회사연구소
　　　　서울시 중구 삼일대로 330 평화빌딩
　　　　대표전화 02-756-1691
　　　　팩시밀리 02-2269-2692
　　　　홈페이지 www.history.re.kr

인쇄·제본　분도인쇄소

등록번호　1981년 11월 16일 제10-132호
교회인가　2021년 3월 25일

ISBN　979-11-85700-29-8 (03230)

정가　10,000원

ⓒ한국교회사연구소, 2021

5월에 드리는 기도

성모성월

한국교회사연구소

간행사

『성모 성월』은 하느님의 어머니이신 거룩한 동정 성모 마리아를 공경하며 그분께 자녀로서의 사랑을 드리고, 또 아드님이신 성자께 전구轉求해 주시기를 기도하고, 성모 마리아의 탁월성을 이해하며 그 덕행을 본받도록 하기 위한 신심서입니다.

일찍이 우리나라에는 선교사가 입국하기 이전부터 서양의 학술·종교에 관계된 한문서학서들이 중국을 통하여 전래되고 있었습니다. 그중에서 천주교 관계 서적들은 일부 조선 사람들이 새로운 종교인 천주교에 접촉하도록 함으로써 이를 자발적으로 수용하는 계기를 만들어 주었습니다. 더 나아가 교리를 익힌 신자들이 비신자들에게 천주교를 전파하는 데도 많은 도움을 주었습니다. 이후 선교사와 신자들은 계속하여 천주교 서적들을 이 땅에 들여오기 위해 노력하는 동시에, 한편으로는 그 서적들을 우리말로 번역하여 모든 신자가 쉽게 읽을 수 있도록 하였습니다. 『성모 성월』도 조금 후대에 들어오긴 했지만 바로 그러한 한문서학서 가운데 하나로, 1887년에 한글 번역본이 간행된 이래 널리 읽히기 시작하였습니다.

  한국 교회는 초창기부터 성모 마리아와 깊은 관계를 맺고 있었습니다. 특히 1841년 8월 22일 원죄 없이 잉태되신 성모 마리아가 한국 교회의 주보로 설정된 이후에는 성모 마리아의 보호 아래서 발전을 거듭해 온 것이 사실입니다. 그러므로 신자들이 성모님의 자녀로서 그 본분을 다하도록 한국 교회에서는 『성모 성월』을 널리 보급하는 데 힘썼고, 신자들도 이를 받아들여 더욱 열심히 공경하였습니다.

  그러나 예전에 간행되어 나온 『성모 성월』은 옛날 표기법에 따른 관계로 신자들이 읽기가 불편하고 이해하기 어려운 점이 많아서 그 이용이 점점 어려워졌습니다. 이에 한국교회사연구소에서는 신자들이 읽기 쉽도록 1986년에 『성모 성월』을 현대어로 옮겨 간행하였습니다. 이때 기본 자료로 이용한 책은 제9대 서울 대목구장 라리보(A. Larribeau, 元亨根) 주교가 감준하여 11×17.5cm 크기로 명동의 성서 활판소에서 1934년에 간행한 『성모 성월』이었습니다. 따라서 1986년 간행본의 구성은 표기법과 기도문을 당시의 표기법에 맞도록 문장을 다듬고 이해가 필요한 부분에는 각주를 단 형식이었습니다. 이렇게 간행된 『성모 성월』은 신자들에게 많은 호응을 받아 여러 차례 중간重刊된 바 있습니다.

  그리고 이번에 다시 새로운 개정판을 펴내게 되었습니다. 그동안 기도문도, 어법도 바뀐 부분이 많기 때문입니다. 이에 새 기도문 양식에 따라 우리 고유의 예법에 맞게 고치고 좀 더 현대 어법으로 다듬고 글자 크기를 키워 본문 편집을 새롭게 하였습니다. 신자들이 그 뜻을 더 쉽게 이해하여 일상생활에서 성모 신심을 갖고 덕행을 실천할 수 있도록 하기 위해서입니다.

그렇지만 이번에 새롭게 펴낸 『성모 성월』이 주로 의도하는 것은 성모 성월이 갖고 있는 본래적인 의미를 살려주려는 데 있습니다. 그러므로 현대 표기법에 따라 쉽게 고쳤다고 하여 그 내용조차 현대적이라고 할 수는 없습니다. 그 내용을 현재의 신심으로 승화시키는 일은 바로 이 책을 읽으며 기도하는 신자들의 몫입니다. 아무쪼록 성모 호칭을 중심으로 하루하루 묵상하도록 되어 있는 이 신심서가 5월 성모 성월만이 아니라 일 년 내내 성모님의 전구를 필요로 하는 모든 이들의 필독서가 되기를 바랍니다.

2021년 4월
한국교회사연구소 소장
조한건 프란치스코 신부

차 례

간행사 ··· 4
해제 ··· 10
서문 ··· 14
일러두기 ··· 16

시작 기도	성령 송가	···	17
마침 기도	성모 성월	···	18
	성모 호칭 기도	···	20
	성모 성심께 바치는 봉헌 기도	···	24
	흠 없으신 성모 찬미 기도	···	25
	성모께 드리는 호소	···	27
	성모께 자기를 바치는 기도	···	28
	성모께 정결한 덕을 구하는 기도	···	29
	성 프란치스코 하비에르의 비신자 전교를 위한 기도	···	29
	주모경	···	31
전 날	성모 성월을 정한 이유	···	34
제1일	성모 마리아님	···	40

제2일	천주의 성모님	⋯	43
제3일	지극히 거룩하신 동정녀	⋯	46
제4일	그리스도의 어머니	⋯	50
제5일	천상 은총의 어머니	⋯	53
제6일	티 없으신 어머니	⋯	58
제7일	순결하신 어머니이며 흠 없으신 어머니	⋯	62
제8일	사랑하올 어머니	⋯	66
제9일	탄복하올 어머니	⋯	70
제10일	창조주의 어머니	⋯	74
제11일	구세주의 어머니	⋯	78
제12일	지극히 지혜로우신 동정녀	⋯	81
제13일	공경하올 동정녀이며 찬송하올 동정녀	⋯	85
제14일	든든한 힘이신 동정녀	⋯	88
제15일	인자하신 동정녀	⋯	91
제16일	성실하신 동정녀	⋯	96

제17일	정의의 거울이며 상지의 옥좌	··· 100
제18일	즐거움의 샘	··· 103
제19일	신비로운 그릇이며 존경하올 그릇이며 지극한 사랑의 그릇	··· 106
제20일	신비로운 장미	··· 110
제21일	다윗의 망대이며 상아 탑	··· 116
제22일	황금 궁전이며 계약의 궤	··· 119
제23일	하늘의 문이며 샛별	··· 122
제24일	병자의 나음	··· 126
제25일	죄인의 피신처	··· 129
제26일	근심하는 이의 위안	··· 134
제27일	신자들의 도움	··· 139
제28일	천사의 모후이며 성조의 모후이며 예언자의 모후이며 사도의 모후	··· 143
제29일	순교자의 모후	··· 147
제30일	증거자의 모후이며 동정녀들의 모후이며 모든 성인의 모후	··· 152
제31일	원죄 없이 잉태되신 모후	··· 156

해 제

차기진 루카
(전 한국교회사연구소 연구실장)

『성모 성월』은 중국에서 전래된 한문서학서漢文西學書(한문으로 번역되거나 저술된 서양 관계 서적)의 하나로, 중국의 예수회 선교사 이탁(李鐸)이 신자들이 성모 마리아를 공경하고 선행을 통해 덕행을 닦는 데 도움을 주기 위하여 저술한 신심서였다. 그러나 이탁이 저술한 책은 완전한 것이 아니었으므로 당시 북경교구장 물리(J.M. Mouly, 孟振生) 주교가 다시 고치고 첨가하여 1859년에 간행을 하게 되었다.[1] 이때 간행된 『성모 성월』은 11×17.5cm 크기에 총 88장張의 활판본이었다.

이 책이 언제 우리나라에 전해졌는지는 정확히 알 수 없으나, 여러 가지 사실을 종합해 볼 때 제6대 조선 대목구장 리델(F. Ridel, 李福明) 주교가 조선에 재입국한 1877년 9월 23일일 것으로 추측된다. 그 이유는 1866년의 병인박해丙寅迫害 때까지 전래된 천주교 서적 가운데에는 그 명칭이 나타나 있지 않으며, 1878년 1월 28일 리델 주교가 체포될 때

---

[1] 한국교회사연구소 소장, 『성모 성월』 1859년본, '主敎准據' 참조.

압수당하여 소각된 서적 중에 『성모 성월』 두 권이 있었다는 기록이 처음으로 나타나기 때문이다. 즉 병인박해 때 조선을 탈출한 리델 신부가 로마에서 주교 성성식을 가진 후, 다시 상해上海로 와서 1877년 9월 23일 조선에 재입국하기까지의 10여 년 사이에 『성모 성월』을 입수하여 조선에 가지고 온 것으로 추측된다.[2]

비록 리델 주교가 가지고 있던 『성모 성월』은 소각되었을지라도 이미 그 책은 신자들 사이에 전파되어 있었을 것이다. 그래서 1887년에 이르러 한자본 『성모 성월』을 로베르(A.P. Robert, 金保祿) 신부가 한글로 번역하고, 제7대 조선 대목구장 블랑(J. Blanc, 白圭三) 주교가 감준하여 13.5× 27.5cm 크기로 연인鉛印하기에 이르렀다. 이후 한글본 『성모 성월』은 거듭 중간重刊되어 많은 신자에게 읽혔으며, 다른 책들과 함께 신자들의 신심 생활에 많은 영향을 미쳤다.

한글본 『성모 성월』의 내용 구성은 서문序文[3]과 차례, 본문으로 되어 있는데, 서문에는 성모 성월에 대한 해설과 1822년 교황 비오 7세가 공포한 '성모 성월 및 성모 공경에 관한 대사문大赦文'이 수록되어 있고, 본문에는 5월의 "성모 성월"이 시작되기 하루 전날부터 마지막 날까지 총 32일 치 분량의 묵상 자료가 수록되어 있다. 각 날의 구성은 그날의 주제에 대한 설명과 성모 마리아께 대한 기도에 이어 덕행 실천, 기도 지향, 성인 사적[4]의 예로 되어 있으며, 특히 '성월 전날'에서는 "성모 성월"

---

[2] 리델 신부가 조선을 탈출하여 중국 요동 지방의 차쿠(岔溝)에 있는 동안, 조선어 문법과 『한불자전』 편찬을 위하여 많은 자료를 수집했다는 사실(최석우, 「한국 천주교회와 한글의 발전」, 『한국교회사의 탐구』, 한국교회사연구소, 1982, 410쪽 참조) 또한 여기에서 『성모 성월』을 입수했을 가능성을 말해 준다고 하겠다.
[3] 원문에서는 '인(引)'이라고 하였다.
[4] 원문에서는 각각 의행지덕(宜行之德), 당무지구(當務之求), 성적(聖跡)이라 하였다.

을 정하게 된 이유를 상세하게 설명하고 있다. 그리고 성월 전날 다음에 '성모 호칭 기도'와 5개의 기도문을 수록하여 이 가운데에서 한두 가지 기도문을 택하여 외우도록 하였다.

한글로 번역된 이후 『성모 성월』이 여러 차례에 걸쳐 중간되고 널리 보급된 사실은 성모 마리아가 한국 천주교회의 역사와 깊은 관련이 있다는 점에서 이해될 수 있다. 한국 천주교회 초창기부터 신자들은 성모 마리아를 의지하고 공경하였으며, 그러한 전통은 계속 이어져 내려왔다.

이를 뒷받침하는 실례는 역사의 기록에서 얼마든지 찾아볼 수 있다. 여성 신자들 가운데 동정을 지킴으로써 성모 마리아의 행적을 본받고자 한 사실, 박해를 당하거나 위험에 처한 신자들이 성모께 의지함으로써 고난을 극복하려고 한 사실 등이 바로 그러한 예이다. 또한 한국 교회의 선교사들은 성모 마리아의 도우심으로 조선 입국에 따른 항해의 위험을 무사히 이겨내고, 또 후에는 박해의 위험을 모면할 수 있었다고 굳게 믿었으며,[5] 성 김대건金大建 안드레아 신부도 귀국할 당시 서해 바다의 풍랑 속에서 성모님께 전구轉求를 청함으로써 구원을 얻었다는 기록을 남겼다. 특히 1838년 12월 1일 당시 제2대 조선 대목구장 앵베르(L. Imbert, 范世亨) 주교는 그때까지 주보로 모셔 왔던 북경교구의 주보 성 요셉 대신에 '성모 무염 시잉 모태聖母無染始孕母胎(원죄 없이 잉태되신 성모 마리아)'를 조선교구의 주보로 정하여 줄 것을 교황에게 요청하였으며, 교황 그레고리오 16세는 1841년 8월 22일에 이를 허락하였다.[6]

---

[5] Ch. Dallet, 안응렬·최석우 역주, 『한국 천주교회사』, 下, 한국교회사연구소, 1979, 136쪽. 이러한 기록의 예는 페레올 주교와 다블뤼 신부가 라파엘(Raphael)호를 타고 조선에 입국한 것(위의 책, 82·85·136쪽), 리델 신부의 입국 기록(같은 책, 323쪽), 그리고 훗날 리델 주교가 박해를 피해 중국으로 탈출할 때의 기록(같은 책, 453~454쪽) 등에서 찾을 수 있다.
[6] 위의 책, 下, 136쪽의 각주 39 참조.

한국 교회가 원죄 없이 잉태되신 성모 마리아를 주보로 모시게 되자, 조선에 있던 선교사와 신자들은 성모 마리아께 대한 감사의 표시로 1846년 11월 2일에 충남 공주의 수리치골에 '성모성심회聖母聖心會(정확히는 無染聖母聖心會)'를 창설하였다. 그리고 1861년 10월, 당시 제4대 조선 대목구장 베르뇌(S.F. Berneux, 張敬一) 주교는 조선교구 내에 있던 각 선교사들의 담당 구역을 성모 마리아와 관계된 호칭으로 명명함으로써 전 지역을 성모님의 보호 아래 있도록 하였다.[7]

성모 마리아께 대한 한국 교회의 감사와 신심의 표시는 그 후에도 그치지 않았다. 1898년 종현鐘峴(현 명동) 언덕 위에 세워진 대성당이 원죄 없이 잉태되신 성모 마리아께 봉헌되었으며, 1954년 '성모 마리아의 원죄 없으신 잉태' 교리가 선포된 지 100주년이 되는 성모 성년에 한국 교회는 다시 성모 마리아께 교회를 봉헌하였다. 그리고 1984년 5월 6일, 방한 중인 교황 요한 바오로 2세는 명동 성당에서 한국의 겨레와 교회를 성모 마리아께 맡기는 장엄한 예절을 가졌다.

이상과 같이 한국 교회와 성모 마리아는 초창기부터 지금까지 밀접하게 관련되어 왔으며, 그에 따라 성모 마리아를 공경하는 신심서인 『성모 성월』도 한글로 번역되어 이후 누차 중간하게 된 것이라 하겠다.

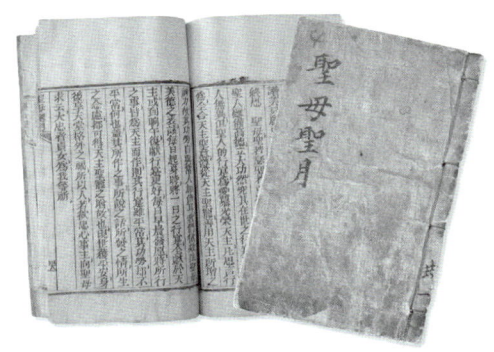

---

[7] 앞의 책, 下, 324~325쪽 및 325쪽의 각주 54 참조.

서 문

'성모 성월'이란 성모님을 공경하여 착하게 지내는 달을 말한다. 성모님은 우리의 주보[8]가 되시므로 우리들의 영혼과 육신을 보호하시는 무수한 기적을 베푸신다. 따라서 천주의 가르침을 믿고 실행하는 사람은 날마다 성모님을 공경하고 사랑해야 한다. 그러므로 교회에서는 매월 첫 토요일에 성모님을 공경하고, 매월 성모님을 공경하는 축일이 있으며, 1년 중에도 또한 성모님을 공경하는 달이 있어야 할 것이다.

온 세상의 열심한 교우들은 평소 성모님을 공경하는 것 외에 31일 동안을 기도하는 달로 정하고 특별히 성모님을 공경하는 예절을 지켜, 성모님을 찬양하고 사랑하는 마음으로 오로지 성모님의 아름다우신 덕을 묵상하며 성모님의 거룩하신 행실을 모범으로 삼아 따르는 것이다.

교회는 노동자 성 요셉 기념일[9]부터 31일까지 5월 한 달을 '성모 성월'로 하였다. 그리고 교우들이 이달을 착하게 지내도록 하기 위해 묵

---

8 한국 교회는 1841년 8월 22일 교황 그레고리오 16세로부터 원죄 없이 잉태되신 성모 마리아를 한국 교회의 주보(主保)로 인정받음으로써 성모의 보호 아래 있게 되었다.
9 원문에서는 성 필립보와 야고보 축일로 되어 있으나, 현 전례력에 따르면 5월 1일이 노동자 성 요셉 기념일로 되어 있다.

상의 길잡이와 성인 사적聖人事蹟을 엮어 이 『성모 성월』을 펴낸다. 그러므로 이 책은 성모 성월뿐만이 아니라 다른 달에도 묵상할 수 있고, 각 성모 축일마다 한 제목을 정해서 묵상할 수도 있다. 해마다 이같이 한다면, 성모께서 인도하시는 도움의 은총과 천주의 성총聖寵[10]을 많이 얻음으로써 신앙인의 본분을 다하여 다른 이들의 영혼을 구하는 데에 매우 유익할 것이다.

이 31일 묵상을 여러 사람이 모여서 하든지, 혼자 묵상하고 기도하며 이 책에 제시된 혹은 다른 선행을 실천하여 성모님을 공경하면 매일 300일 대사大赦를 얻을 것이다. 또 한 달 내내 이같이 지내는 자가 성모 성월 중 하루를 정해 고해성사를 받고 성체를 영하고 교회의 가르침대로 염경 기도[11]를 하면 특별히 전대사全大赦를 한 번 얻을 것이다. 물론 이를 연옥 영혼을 위해 양보할 수도 있다. 1822년 6월 16일 교황 비오 7세가 이 은사를 허가하였다.

교황 우르바노 8세의 가르침[12]을 따르기 위하여 모든 사람에게 알려 주는 것이니, 『성모 성월』에 기록된 성인의 기적과 모든 사적 중에 교회에서 인정한 것이 아니면 마땅히 신덕信德의 올바른 바탕이 되지 못하므로, 성인 사적을 생각할 때에는 이 사실을 기억하여 이를 준거로 삼는 것이 옳다.

---

[10] 생명, 사랑 등의 은혜를 말하는 것으로 거룩하신 하느님의 은혜라는 점에서 '성총'으로 표현하였다.
[11] '염경 기도(念經祈禱)'는 '묵상 기도(默想祈禱)'와 반대되는 것으로 소리를 내어 바치는 기도, 즉 교회가 정한 기도문을 마음속으로 그 뜻을 깊이 생각하면서 읽거나 외워 바치는 기도를 말한다.
[12] 우르바노 8세 교황은 1625년 10월 30일에 반포한 칙령에서, 교황청에서 인정하지 않은 사람들을 성인으로 공경하는 행위와 검증되지 않은 기적이나 계시에 관한 내용이 담긴 그림을 무덤 앞에 두는 일 등을 금지하였다.

일러두기

1. 이 책은 1934년 서울에서 간행된 『성모 성월』을 기본 자료로 이용하였으나, 원 저작은 중국의 예수회 선교사 이탁이 저술한 것을 북경교구장 몰리 주교가 고치고 첨가하여 1859년에 활판본으로 펴낸 『성모 성월』에 그 기반을 둔 것이다.
2. 성모 성월은 5월 1일부터 시작되지만, 그 전날에 성모 성월이 정해진 세 가지 이유와 실천해야 할 내용을 읽고 묵상함으로써 성모 성월을 충실히 지낼 수 있도록 한다.
3. 모두 31일이므로 매일 한 가지 주제를 정해 놓았다. 예절은 다음과 같은 순서로 한다.
    1) 매일 묵상 전 시작 기도로 '성호경'과 '성령 송가'[13]를 바친다.
    2) 이어 그날에 해당하는 『성모 성월』의 내용을 읽고 묵상한다.
    3) 마침 기도로 '성모 성월' 또는 '성모 호칭 기도'를 바친 뒤,
    4) '흠 없으신 성모 찬미 기도', '성모께 드리는 호소', '성모께 자기를 바치는 기도', '성모께 정결한 덕을 구하는 기도', '성 프란치스코 하비에르의 비신자 전교를 위한 기도' 가운데 원하는 기도를 정하여 한두 가지 기도문을 더 외우고,
    5) '주님의 기도, 성모송, 영광송'으로 그날의 묵상을 마친다.

---

[13] 원문에는 '성신 강림송'이라고 되어 있는데, 이는 오늘날 '성령 송가'에 해당하는 것이다.

시작 기도

성호경
✚ (십자 성호를 그으며)
성부와 성자와 성령의 이름으로,
아멘.

성령 송가
오소서, 성령님.
당신의 빛 그 빛살을 하늘에서 내리소서.
가난한 이 아버지, 은총의 주님 오시어 마음에 빛을 주소서.
가장 좋은 위로자, 영혼의 기쁜 손님, 생기 돋워 주소서.
일할 때에 휴식을, 무더울 때 바람을, 슬플 때에 위로를.
지복의 빛이시여, 우리 맘 깊은 곳을 가득히 채우소서.
주님 도움 없으면 우리 삶 그 모든 것 이로운 것 없으리.
허물은 씻어 주고 마른 땅 물 주시고 병든 것 고치소서.
굳은 맘 풀어 주고 찬 마음 데우시고 바른길 이끄소서.
성령님을 믿으며 의지하는 이에게 칠은을 베푸소서.
공덕을 쌓게 하고 구원의 문을 넘어 영복을 얻게 하소서.

마침 기도

｜ 성모 성월

○ 내 영혼이 주님을 찬양하고
　내 구원자 하느님 안에서 내 마음 기뻐 뛰노네.
● 그분은 비천한 당신 종을 굽어보셨네.
　이제부터 과연 모든 세대가 나를 복되다 하리라.
○ 전능하신 분이 나에게 큰일을 하셨으니
　그 이름은 거룩하신 분이시다.
● 그분 자비는 세세 대대로
　그분을 두려워하는 이들에게 미치리라.
○ 그분은 당신 팔로 권능을 떨치시어
　마음이 교만한 자들을 흩으셨네.
● 권세 있는 자를 자리에서 내치시고
　비천한 이를 들어 올리셨네.
○ 굶주린 이를 좋은 것으로 채워 주시고
　부유한 자를 빈손으로 돌려보내셨네.
● 당신 자비를 기억하시어
　당신 종 이스라엘을 돌보셨으니
○ 우리 조상들에게 말씀하신 대로
　아브라함과 그 후손에게 그분의 자비 영원하리라.
● 영광이 성부와 성자와 성령께
○ 처음과 같이
　이제와 항상 영원히. 아멘.

✝ 기도합시다.
　저희를 하느님 아버지께 이끄시는 주 예수 그리스도님,
　주님의 어머니 동정 마리아를
　저희 어머니가 되게 하시고
　저희의 전구자로 세우셨나이다.
　비오니, 성모 마리아의 전구를 들으시어
　저희가 주님께 간구하는 모든 은혜를
　받아 누리게 하소서.
◎ 아멘.

성모 호칭 기도

○ 주님, 자비를 베푸소서.

● 주님, 자비를 베푸소서.

○ 그리스도님, 자비를 베푸소서.

● 그리스도님, 자비를 베푸소서.

○ 주님, 자비를 베푸소서.

● 주님, 자비를 베푸소서.

○ 그리스도님, 저희의 기도를 들으소서.

● 그리스도님, 저희의 기도를 들으소서.

○ 그리스도님, 저희의 기도를 들어주소서.

● 그리스도님, 저희의 기도를 들어주소서.

○ 하늘에 계신 천주 성부님

● 자비를 베푸소서.

○ 주님, 자비를 베푸소서.

(다음은 같은 후렴))

○ 세상을 구원하신 천주 성자님

   천주 성령님

   삼위일체이신 하느님

○ 성모 마리아님

● 저희를 위하여 빌어 주소서.

(다음은 같은 후렴))

○ 천주의 성모님

   지극히 거룩하신 동정녀

   그리스도의 어머니

교회의 어머니

자비의 어머니

천상 은총의 어머니

희망의 어머니

지극히 깨끗하신 어머니

순결하신 어머니

평생 동정이신 어머니

티 없으신 어머니

사랑하올 어머니

탄복하올 어머니

슬기로우신 어머니

창조주의 어머니

구세주의 어머니

지극히 지혜로우신 동정녀

공경하올 동정녀

찬송하올 동정녀

든든한 힘이신 동정녀

인자하신 동정녀

성실하신 동정녀

정의의 거울

상지의 옥좌

즐거움의 샘

신비로운 그릇

존경하올 그릇

지극한 사랑의 그릇
신비로운 장미
다윗의 망대
상아 탑
황금 궁전
계약의 궤
하늘의 문
샛별
병자의 치유
죄인의 피신처
이주민의 위로
근심하는 이의 위안
신자들의 도움
천사의 모후
성조의 모후
예언자의 모후
사도의 모후
순교자의 모후
증거자의 모후
동정녀의 모후
모든 성인의 모후
원죄 없이 잉태되신 모후
하늘에 올림을 받으신 모후
묵주 기도의 모후

가정의 모후

평화의 모후

○ 하느님의 어린양, 세상의 죄를 없애시는 주님

● 저희를 용서하소서.

○ 하느님의 어린양, 세상의 죄를 없애시는 주님

● 저희의 기도를 들어주소서.

○ 하느님의 어린양, 세상의 죄를 없애시는 주님

● 자비를 베푸소서.

○ 천주의 성모님, 저희를 위하여 빌어 주시어

● 그리스도께서 약속하신 영원한 생명을 얻게 하소서.

✚ 기도합시다.

주 하느님,

저희에게 은총을 베푸시고

복되신 평생 동정 마리아의 전구로

이 세상의 슬픔에서 벗어나

영원한 기쁨을 누리게 하소서.

우리 주 그리스도를 통하여 비나이다.

◎ 아멘.

성모 성심께 바치는 봉헌 기도

○ 어지신 어머니, 든든한 힘이신 동정녀,
　하늘의 모후요 죄인의 피신처이신 성모님,
　티 없이 깨끗하신 성모 성심께
　저희를 봉헌하나이다.

● 저희 자신과 가진 것을 모두 바치며
　온전한 사랑으로
　저희 가정과 조국을 성심께 봉헌하나이다.

○ 저희 몸과 마음을 바치오니
　저희 안에 있는 것, 저희 주위에 있는 것
　모두 성모님의 것이 되게 하시고
　저희에게는 오로지
　성모님 사랑의 한몫을 나누어 주소서.

● 성모님,
　이 봉헌대로 살고자
　저희는 세례 때와 첫영성체 때에 한 서약을
　오늘 다시 새롭게 하나이다.

○ 저희는 신앙의 진리를 언제나 용감히 고백하며
　교황과 그와 결합되어 있는 주교들에게
　온전히 순종하고
　하느님의 계명과 교회의 법규를 충실히 지키며
　특별히 주일을 거룩히 지내고
　열심히 살아가며
　자주 영성체할 것을 약속하나이다.

● 하느님의 영광 지극하신 어머니,
인류의 어지신 어머니,
온 마음을 바쳐 어머니를 공경하며
하늘에서와 같이 땅에서도
저희와 모든 사람의 마음과
저희 조국과 온 세계에
티 없이 깨끗하신 성심의 나라를
하루바삐 세우도록
충실히 노력할 것을 약속하나이다.
◎ 아멘.

흠 없으신 성모 찬미 기도

저희는 당신께서 흠 없으심을 알아 찬송하옵나이다.
당신은 모든 죄인의 은인이시므로 저희는 당신께 우러러 간구하옵나이다. 온 천하 교회의 모든 믿는 이가 당신께서 원죄 없이 잉태되셨음을 열절히 찬양하여 이르기를 "흠 없으시다, 흠 없으시다, 흠 없으시도다, 천주의 동정이신 어머니" 하나이다.
태양이 이미 밝으니 누가 능히 당신의 뜨거운 기운 밖에 있으리요? 하늘나라의 모든 천사가 성부의 기뻐하시는 딸이라 칭송하옵고, 지옥의 모든 죄인이 성자의 신비로운 어머니이심을 두려워하여 항복하오며, 연옥의 모든 영혼이 성령의 보배로운 궁전이라 우러러 부르짖나이다. 교회의 자녀들은 한결같은 마음으로 너그럽고 인자하신 어머니며, 거룩한 부녀 안나의 사랑하는 딸이시요, 천주의 기뻐하시는 요셉의 정배 되심을 찬양하나이다.

거룩하신 마리아님, 당신께서는 천주의 너그러우신 용서의 중재자가 되시나이다. 거룩한 은총의 탄복하올 어머니, 당신께서 일찍이 인류를 구속하시려는 천주의 뜻에 당신 몸을 맡기시고, 대천사 가브리엘의 알림을 받아들여 모든 이의 마음에 즐거움을 안겨 주셨나이다. 당신께서는 기이한 아름다움이 가득하여 주님을 곁에 모시고 세상 사람의 간구를 이루어 주시는 하늘의 여왕이 되시나이다.

특별히 원죄 없이 잉태되신 이께 경배드리옵고 간절히 보호하여 주시기를 구하옵나이다. 저희가 모든 천사와 같이 무궁히 아름다운 복락을 누리게 하시며, 당신께서 저희의 자녀들을 보호하시어 그들을 도와 힘껏 선한 일을 하게 하시며, 당신을 공경하는 축일에 모든 이가 함께 모여 사랑하올 마리아 이름을 모든 이름 위에 찬미하고, 찬양하게 하소서.

당신의 가장 정결하신 몸이 잉태되심을 의지하여 비오니, 저를 죄의 더러움에서 구하소서. 저희 천한 종을 위하여 당신 가슴을 성자 예수님께 보이시어, 예수님께서 마음과 몸에 온전히 상처 입으심을 천주 성부께 드리시게 하소서. 이같이 사랑하시는 증거를 가지고 무엇을 구하여 얻지 못하리이까? 거룩하신 마리아님, 모든 피조물은 한가지로 기뻐하고 뛰놀며 당신께서 원죄 없이 잉태되셨음을 찬양함이 마땅하나이다.

○ 온전히 아름다우시고 은총을 가득히 입으신 동정녀, 당신께서는 원죄에 물들지 아니하셨도다.

● 복되신 동정 마리아님, 저희들은 당신께서 지극히 거룩하시어 원죄 없이 잉태되셨음을 찬미하나이다.

1793년에 교황 비오 6세는 위의 구절 "복되신……"부터
외우는 사람들에게 100일 대사를 허락하였다.

✝ 기도합시다.
　인자하시고 자비로우신 주님, 당신의 아들 예수 그리스도님을 위하여 원죄 없으신 동정 마리아님의 태중에 깨끗한 궁전을 예비하셨으니, 이제 성모님의 전구함을 어여삐 보시고 인자하신 마음을 보이시어 저희가 정결함으로 당신을 섬기고, 항상 세속과 육신과 마귀의 유혹을 이기어 오로지 당신을 떠나지 말고, 영원토록 당신을 뵈옵고, 당신을 사랑하고, 당신을 흠숭하게 하소서.
　주님께서는 성부와 성령과 함께 영원히 살아 계시며 다스리시나이다
◎ 아멘.

성모께 드리는 호소 | 성 베르나르도가 성모께 드린 말씀

지극히 인자하신 동정 마리아님, 생각하소서.
어머니 슬하에 달려들어
도움을 애원하고 전구를 청하고도
버림받았다 함을 일찍이 듣지 못하였나이다.

저희도 굳게 신뢰하는 마음으로 어머니 슬하에 달려들어,
어머니 앞에서 죄인으로 눈물을 흘리오니,
동정녀 중의 동정녀이신 천주의 성모님,
저희의 기도를 못 들은 체 마옵시고,
인자로이 들어주소서.

이 기도문을 정성으로 외우면 그때마다 300일 대사를 얻고,
한 달 동안 외우는 사람은 교회의 가르침에 따라 전대사를 얻을 것이다.

성모께 자기를 바치는 기도

○ 천주의 성모 마리아님,
  저희는 비록 성모님을 모시기에 합당치 않사오나
  성모님의 사랑을 굳게 믿으며
  모든 천사와 더불어 성모님을 어머니로 모시는 저희를
  자애로이 지켜 주소서.
● 저희는 성모님의 아들 예수님을
  더욱 충실히 섬기며
  어머니 슬하에 살기로 약속하나이다.
○ 십자가에 높이 달리신 예수님께서는
  숨을 거두시며
  당신 자신은 성부께 맡기시고
  성모님은 제자에게, 제자는 성모님께 맡기셨나이다.
● 지극히 거룩하신 어머니,

십자가 밑에서 맺어진 모자의 인연으로
저희를 품에 안아 주시고
온갖 위험과 고통 중에 돌보아 주시며
죽을 때에 저희를 저버리지 마소서.
◎ 아멘.

성모께 정결한 덕을 구하는 기도

지극히 정결하시고 지극히 순결하신 동정 마리아님, 당신의 거룩하신 정덕과 당신께서 원죄 없이 잉태되셨음을 믿고 구하오니, 저의 마음과 몸에 정결한 덕을 주소서. 아멘.

당신께 구하오니, 우리 사랑하는 어머니가 되심을 나타내시어 저희를 위하여 강생하신 당신의 아들 예수님께 전구하시어 저희가 구하는 바를 얻게 하소서. 아멘.

성 프란치스코 하비에르의 비신자 전교를 위한 기도

시작과 끝이 없으시고 천지 만물을 만드신 하느님, 생각하소서. 모든 비신자들의 영혼이 모두 당신께서 내신 것이요, 또 당신의 모상模像으로 내신 것이나이다. 주님, 이제 이 영혼들이 지옥에 가득 찼사오니, 하느님께 능욕이 되나이다. 당신의 아들 예수님께서 저들을 구하시려고 혹독히 죽임을 당하신 일을 생각하시어 다시 저 비신자들이 당신의 아들 예수님을 업신여기는 것을 버려두지 마소서.

또한 당신 교회와 성인들의 기도를 들으시어 의노義怒를 거두시고, 또 당신의 인자하심을 기억하시어 저들의 사악함과 배반을 잊으시고, 저들이 마침내 당신께서 보내신 우리 주 예수 그리스도님, 저희를 구속하시고 기르시고 부활하게 하신 분에게 돌아오게 하소서. 예수님께 영원토록 영광이 있기를 비옵나이다.

이 기도문을 정성으로 외우면 그때마다 300일 대사를 얻고,
또 성 프란치스코 하비에르 축일과 한 달 동안 외우는 이는
그때마다 전대사를 얻을 것이다.

인자하시고 자비로우신 주님, 저희가 간절히 비오니 포도밭 주인이 포도밭에 품꾼을 보내듯이, 하느님께서 몸소 정하신 주교와 신부를 이 지방에 많이 보내시어 믿는 이들이 다행히 참 빛을 얻어 길이 참된 행복을 누리게 하소서. 또 간절히 비오니 주님께서는 저희의 죄악으로 말미암아 당신의 인자하신 마음을 거두지 마시고, 성자 예수님의 공로를 보시어 저희의 기도를 굽어 들으소서. 저희 형제들이 그릇된 길을 버리고 올바른 길로 돌아와 다행히 은총을 얻어 그 마음을 충만하게 하시기를 바라나이다. 아멘.
마리아님, 은총의 어머니이며 인자하신 어머니, 저희를 모든 원수 가운데서 보호하시고, 죽을 때에 거두어 영광으로 당신의 아들 우리 주 예수님께 돌아가게 하시어 성부와 성자와 성령과 함께 있도록 하옵소서. 아멘.

주님의 기도

하늘에 계신 우리 아버지,
아버지의 이름이 거룩히 빛나시며
아버지의 나라가 오시며
아버지의 뜻이 하늘에서와 같이
땅에서도 이루어지소서!
오늘 저희에게 일용할 양식을 주시고
저희에게 잘못한 이를 저희가 용서하오니
저희 죄를 용서하시고
저희를 유혹에 빠지지 않게 하시고
악에서 구하소서. 아멘.

성모송

은총이 가득하신 마리아님, 기뻐하소서!
주님께서 함께 계시니 여인 중에 복되시며
태중의 아들 예수님 또한 복되시나이다.
천주의 성모 마리아님,
이제와 저희 죽을 때에
저희 죄인을 위하여 빌어 주소서. 아멘.

영광송

(밑줄 부분에서 고개를 숙이며)
<u>영광이 성부와 성자와 성령께</u>
처음과 같이 이제와 항상 영원히. 아멘.

Madonna of the Magnificat
Sandro Botticelli
Uffizi, Florence

전날

성모 성월을 정한 이유

✦✦✦

덕행 실천 오늘 자기를 하느님께 봉헌할 것.
기도 지향 성모님께서 우리나라를 보호해 주시도록 기도합시다.

시작 기도 성호경, 성령 송가

이끔말 | 성모 마리아님을 예禮로써 공경하는 달을 정한 첫째 이유는 성모께서 우리 인간들에게 평생토록 주시는 온갖 은혜에 감사하기 위해서이다. 베르나르도 성인은 "모름지기 창조된 인간은 마땅히 성모님을 우러러 받들 것이니, 전능하신 하느님께서 마리아 때문에 인자하심을 드러내시고, 또 우리가 성모님의 손을 통해 천주의 성총을 받도록 하기 위한 것이다."라고 하였다. 보나벤투라 성인은 "하느님께서는 반드시 성모님을 통해 네 영혼을 구하신다."라고 하였다. 여러 교회 학자들도 한결같이 그렇게 말하였다.

생각하건대 하느님께서 나를 내시고, 나를 보존하시고, 나를 구원하시는 일과 매일 생명의 은총과 초월적인 은총을 나에게 내리시는 것은, 모두 성모님의 베푸심을 통해 오는 것이다. 그러니 마땅히 성모께 감사해야 하지 않겠는가? 그런데 깊이 생각해 보면 우리가 이미 받은 것에 비해 우리의 감사함은 부족하다. 그러니 이제부터라도 가르침을 헤아려 감사하는 우리의 본분을 다해야 할 것이다. 이를 위하여 이 '성모 성월'을 정한 것이다.

이음말 | 성모 성월을 정한 둘째 이유는 다음과 같다. 우리에게 이 세상에서 가장 중요한 것은 천주의 성총이다. 이는 잠시라도 멀어져서는 안 되는 것이다. 악을 고치고 선을 행하여 선종善終하는 것은 모두 천주 성총의 도우심 때문이다. 자기 힘으로는 절대로 불가능한 것이다. 또 성모님의 인자하심에 의뢰하지 않고 이 성총을 얻는다는 것은 지극히 어려울 것이다. 이렇게 생각한다면, 어찌 성모님을 공경하고 성모께 기도하는 데에 힘쓰지 않을 수 있겠는가?

셋째 이유는 성모 성월이 성모님을 특별히 열애熱愛하고 공경하는 거룩한 시기와 가르침이 되도록 하기 위해서이다. 모든 성인 성녀는 열심으로 성모님을 공경하였다. 따라서 이처럼 마음을 다하여 성모님을 공경하는 사람은 곧 하느님께 선택되는 사람이다. 그러므로 보나벤투라 성인은 "성모께 의뢰하지 않으면 하느님께서 네 영혼을 구하지 않으신다는 것을 알아야 한다. 우리가 성모께 의탁하지 않는다는 것은 마치 어머니가 아이를 기르기는 하지만 젖을 먹이지 않는 것과 같다. 그러면 그 아이가 어떻게 살 수 있겠는가?" 하고 말하였다. 또 안셀모 성인은 "성모께서 돌아보시지 않는 사람은 그 영혼을 구하지 못할 것이니, 만일 자기 영혼 구하기를 힘쓰지 않고, 또 성모님의 도우심을 구하지 않는다면 이는 그릇된 것이다."라고 하였다. 가타리나 성녀는 "정성 어린 마음으로 성모께 구하는 자는 지옥에 가지 않을 것이다."라고 하였다. 라우렌시오 유스티니아노 성인은 "성모님을 섬기지 않는 자는 지옥에 떨어짐을 면하기 어렵고, 성모님을 충실히 공경하여 사랑하는 자는 반드시 영원한 생명을 얻을 것이다."라고 하였다. 그러므로 우리가 성모님을 공경하는 성월을 정성껏 지낸다면 특별한 은혜를 얻을 것이다.

맺음말 | '성모 성월'에 어떤 선행을 할 것인가?

첫째, 성당이나 혹은 가정집이라도 방을 정결하고 아름답게 꾸미고, 공경하는 마음으로 성모상을 모셔 그 앞에 촛불을 켜고 혼자 기도문을 외워 묵상하든지, 여러 사람이 모여 기도하든지 간에 마음과 힘을 다하여야 한다. 성모님을 공경할 때에는 마음은 물론 외적으로 열절함을 나타낼수록 더욱 좋다.

둘째, 뜻을 정하여 이달 안에 날마다 특별히 성모님을 공경하여 성모님의 모든 덕행을 배워 실행하고, 아울러 자기를 봉헌하여 성모님을 섬기고, 어떠한 은혜 얻기를 구할 때나 무슨 죄를 피하기 위해서나 무슨 병을 고치기를 원할 때 항상 성모님의 도우심을 청하여야 한다. 선행하고자 할 때 항상 죄악이 막고 방해하므로, 매일 저녁 자신의 행위를 깊이 성찰하여 잘못된 허물을 통절히 뉘우치고 그 뿌리를 뽑아 버리도록 해야 한다.

셋째, 매일 아침 일어날 때 오늘 행할 모든 일을 성모께 드릴 것이요, 또한 지혜롭게 선행을 행하되 미사 참례나 애긍이나 비신자에게 권유하여 하느님을 알게 하는 것이나 죽을 위험에 처한 비신자의 아이에게 대세代洗를 주는 것과 같은 일에 힘쓰도록 한다.

넷째, 24일에는 그리스도의 도우심이신 성모님을 경축하여 특별히 성모께 모든 믿는 이들을 항상 보호하시고 도와주시기를 열심으로 기도해야 한다.

다섯째, 31일 안에 고해성사와 영성체를 적어도 한 번은 하고, 교황의 뜻대로 염경 기도를 하면 전대사를 얻을 것이다.

여섯째, 이 『성모 성월』의 지시대로 날마다 정한 기도문을 외우든지, 만약 책이 없다면 스스로 기도문을 정하여 첫날부터 한다. '성모 성월', '성모 호칭 기도'와 정해진 기도문 외에 묵주 기도 5단을 바치거나 '성모 성심께 바치는 봉헌 기도' 같은 기도문을 외우면 매일 300일 대사를 얻을 것이다. 이 모든 대사는 연옥 영혼을 위해 양보하도록 한다.

일곱째, 이 『성모 성월』의 지시대로 성모님을 공경하는 이는 매일의 묵상 주제와 신심이나 덕행 실천, 기도 지향을 염두에 두고 여러 차례 묵상 기도를 하여야 한다.

✦ 성인 사적

성모께서 매일 우리를 보호하시는 은혜

옛날에 한 사람이 있었는데, 스스로 생각하기를 '내가 항상 성모님을 찬미하고 공경하였지만, 이제껏 성모님의 은혜를 받은 것이 없으니 이 무슨 까닭인가?'라고 하였다. 그 순간 갑자기 소리가 들렸다.

"네 이웃 사람은 죽었으나 너는 죽지 않았고, 어떤 사람은 재산을 잃었으나 너는 지금 재산이 있고, 어떤 이는 병들었으나 너는 평안하고, 어떤 이는 환난과 능욕을 받았으나 너는 지금 안락과 영화를 누리고 있고, 어떤 이는 대죄를 범하여 하느님께서 그 영혼을 지옥에 내렸으나 너는 전에 대죄를 범했지만 하느님께서 큰 인자하심으로 용서하셨으니, 이 같은 일이 모두 성모께로부터 나온 은혜가 아니냐? 그런데 네가 어찌 '성모님의 은혜를 받은 것이 없다.' 하느냐?"

마침 기도 성모 성월 또는 성모 호칭 기도

기도문들 가운데 원하는 한두 가지 기도(24~30쪽에서 선택)

주님의 기도, 성모송, 영광송

The Annunciation
Bartolomé Esteban Murillo
Hermitage Museum, Russia

01일

성모 마리아님

✦✦✦

덕행 실천   우리의 육신과 영혼을 성모께 의탁할 것.

기도 지향   모든 교우와 특히 실의에 빠진 교우들을 위하여 기도합시다.

시작 기도   성호경, 성령 송가

이끔말 | '마리아'는 성모님의 거룩한 이름이다. 이 이름은 성모님의 큰 품위品位와 큰 권능과 큰 인자하심의 뜻을 포함하고 있다. 주님의 어머니는 하나요, 그분은 통고의 바다요, 바다의 별이다. 그런데 어찌하여 성모님을 '바다의 별'이라 일컫는가? 바다에 표류하는 사람이 동서남북을 알지 못하면 반드시 북극성을 바라보고 길을 찾아가는 것처럼, 인생에서 성모님은 우리의 주보로서 우리를 인도하여 하늘나라에 닿게 하실 수 있으므로 바다의 별이라고 부르는 것이다.

맺음말 | 우리가 세상에 있음은 바다에 떠 있는 것과 같아서 위험이

많으므로, 만일 성모님의 인도하심을 얻지 못하면 하늘나라에 닿기 어려울 것이다. 그래서 항상 성모께 길을 가르쳐 보여 주실 것을 청하고, 그 인도하심으로 선善을 행하여 하늘나라에 이르게 해주시도록 간절히 바라야 한다. 성모께서 우리 인간을 악에서 구해 주시기를 바란다면 성모님을 향하여 다음과 같이 기도하여야 한다.

"성모 마리아님, 저희를 위하여 빌어 주소서."

응 성모 마리아님, 저희를 위하여 빌어 주소서.

✦ 성인 사적

성모께서 인생의 바다에 떠 있는 이와 임종하는 이를 보호하심

천주의 요한 성인은 포르투갈 사람이었다. 성인은 병자를 돌보는 수도원[1]을 세우고, 어려움을 만날 때마다 항상 성모께 간구하였다. 하루는 성인이 배를 타고 바다에 나갔을 때, 갑자기 태풍이 일어 배가 거의 침몰하게 되자 배에 있는 사람들이 매우 두려워하며 울부짖었다. 성인은 성모님의 보호하심에 의지하고 성모송을 그치지 않고 외웠다. 그러자 갑자기 바람이 멈추고 배가 평안히 언덕에 다다랐다.

---

[1] 천주의 성 요한이 의료 봉사에 몸 바친 것을 본받아 그가 선종한 후 '천주의 성 요한 수도회'가 발족되었으며, 1930년 8월 28일 교황 비오 11세가 그를 병원·병자·간호사 등의 수호성인으로 선포하였다.

또 하루는 성인이 두통이 심할 때, 고상苦像을 향하여 염경 기도를 바치다가 예수님과 성모님과 성 요한이 앞에 계신 것을 보았다. 성모께서는 가시관을 드시고 성인의 이름을 부르며 말씀하셨다. "요한아, 오직 이 가시관의 괴로움만이 하늘나라의 복을 얻게 해줄 것이다." 그때 이상하게도 두통이 사라지자 성인은 성모님의 큰 은혜로 알고 깊이 감사하였다.

성인이 임종할 때에 성모님을 부르니 성모께서는 성인의 정성을 시험하고자 나타나셨으나 보이지 않게 하셨다. 다시 성인이 기도하였더니, 즉시 나타나시어 말씀하셨다. "요한아, 평소에 나를 공경하는 사람이면 누구나 죽을 때에 내가 반드시 그를 보호할 것이다." 성모께서 이 말씀을 마치시자 성인은 곧 세상을 떠났다.

마침 기도 성모 성월 또는 성모 호칭 기도
기도문들 가운데 원하는 한두 가지 기도(24~30쪽에서 선택)
주님의 기도, 성모송, 영광송

02일

천주의 성모님

✦✦✦

덕행 실천   정성껏 '삼종 기도'를 바칠 것.
기도 지향   하느님을 알지 못하는 사람들을 위하여 기도합시다.

시작 기도   성호경, 성령 송가

이끔말 | 천주 성령께서 성모님의 깨끗한 피로써 성자의 육신을 이루시고 지극히 거룩한 영혼을 결합시켜 인성人性을 이루실 때, 제2위 천주성이 그 인성과 결합하셨다. 그래서 천주성과 인성을 한 위격에 포함하여 지니신 분이 하느님의 아들 예수 그리스도님이시다. 그러므로 마리아님을 '천주의 성모'라 일컫는 것이다. 성모님의 품위가 지극히 존귀하시며 가장 신비로우시고 온갖 아름답고 선한 덕을 갖추신 것은, 모두 천주 성모께서 높은 지위를 지니셨기 때문이다. 안셀모 성인은 "한 나라에서는 임금의 지위가 제일 높고, 임금의 모후가 그다음이다. 이처럼 모든 천상 성인의 지위가 높고 만물이 신비로울지라도 성

모께 비하면 전혀 높음과 신비로움이 없는 것이나 마찬가지이다. 하느님만이 성모님보다 뛰어나시고, 성모님은 모든 천상 성인과 만물 위에 뛰어나시다."라고 하였다.

맺음말 | 이미 성모님의 지위는 모든 천상 성인의 지위보다 높으시므로, 성모께서 천상에서 지니신 그 영광과 권능의 크심은 그 무엇과도 비교하지 못할 것이다. 그러므로 우리는 마땅히 성모님의 높은 품위를 공경하여 사랑하고, 그 전구하시는 권능에 의탁하여 정성으로 성모님을 향하여 다음과 같이 기도하여야 한다.

"천주의 성모님, 저희를 위하여 빌어 주소서."

> **응** 　천주의 성모님, 저희를 위하여 빌어 주소서.

✦ 성인 사적

에페소 공의회에서 마리아께서 실로 천주의 성모가 되심을 결정하여 찬양함

옛날에 한 사람이 있었는데, 이름은 네스토리우스였다. 그는 "마리아는 천주의 성모가 아니다."라고 말하였다. 이 말을 듣고 신자들은 한결같이 "대담한 악인惡人이 감히 예수님과 성모님을 능욕하는 말을 하는구나." 하고 말하며, 그 무례함을 비난하였다. 그때 교황은 성모님의 영광을 밝히 드러내고자 전 세계 주교들에게 일제히 에페소에 모여 공의회를 개최하도록 명하였다. 각처 주교들은 한곳에 모여 '마리아께서 천주의 성모가 되시는 이유'를 강론하였으며, 회의가 진행되는 동안 신자들은 밖에서 간절한 마음으로 기다렸다.

공의회를 마치고 회의장 문이 열리자 주교들은 마리아님께서 천주의 성모가 되시어 가장 높은 지위를 지니심을 찬양하였다. 당시 신자들은 기쁨을 이기지 못하여 여러 번 소리를 높여 마리아님께서 참 천주의 성모가 되심을 찬송하였고, 주교들이 각 처소로 돌아갈 때에는 모든 사람이 그 기쁜 마음을 나타내고자 주교들을 길에서 옹위하였으며, 성모님을 찬미하고 주교들께 감사하였다. 이때 에페소 각처에는 등촉을 달아 어두운 밤이 낮같이 밝았다. 이 지방은 원래 성모님과 성 요한 사도께서 사시던 곳이었으므로 신자들은 더욱 성모님을 사랑하는 정을 나타냈던 것이다. 또 주교들은 그릇된 종교를 창립하고자 하는 네스토리우스를 즉시 벌하여 파문하였으나, 그는 끝내 자기 뜻을 굽히지 않다가 오래지 않아 죽어 지옥에 떨어졌다. 그는 자신의 극중한 죄에 걸맞은 벌을 받은 것이다.

마침 기도 성모 성월 또는 성모 호칭 기도
　　　　　　기도문들 가운데 원하는 한두 가지 기도(24~30쪽에서 선택)
　　　　　　주님의 기도, 성모송, 영광송

03일

지극히 거룩하신 동정녀

✦✦✦

덕행 실천   마음을 깨끗하게 하지 못하도록 하는 일이나 말이나 생각을 피할 것.
기도 지향   음란한 생각에 흔들리는 사람들을 위하여 기도합시다.

시작 기도   성호경, 성령 송가

이끔말 | 성모님은 예로부터 지금까지 모든 동정녀 중에서 제일 먼저 하느님의 뜻에 따라 동정 원의願意를 밝힌 분이시다. 그러므로 베르나르도 성인은 "동정녀이신 성모님은 표양을 배울 곳이 없으시며, 본받아야 할 스승도 없으시고도 훌륭히 동정을 지킬 원의를 세우셨으니 실로 이는 천주의 말 없는 이끄심이었다."라고 말하였다. 또 성현들도 "성모께서는 모태로부터 이미 동정 원의를 밝히셨다."라고 하였다. 그러므로 성모께서는 지극히 거룩하신 동정녀 중의 동정녀이시다.

맺음말 | 우리가 동정녀이신 성모께서 기뻐하시는 뜻에 따라 살기

를 원한다면, 마땅히 주의하여 사욕의 생각과 정을 억제하고 몸과 마음의 정결함을 보존하여야 한다. 그러므로 반드시 귀·눈·코·입·피부 다섯 가지 감각과, 지성·기억·의지 세 가지 능력을 엄격히 지키고 마음을 깨끗하게 하지 못하도록 하는 것들을 피해야 한다. 우리가 만약 유혹에 빠진다면, 우선 성모님을 향하여 다음과 같이 기도하여야 한다.

"지극히 거룩하신 동정녀, 저희를 위하여 빌어 주소서."

응 지극히 거룩하신 동정녀, 저희를 위하여 빌어 주소서.

✦ 성인 사적

스타니슬라오 성인이 성모님의 정결하심을 본받아 따름

스타니슬라오 코스트카 성인은 폴란드에서 큰 벼슬을 하던 가문의 아들이었다. 성인은 어려서부터 성모님을 극진히 공경하고 열심으로 사랑하였으므로, 성모님의 아름다운 덕을 제목으로 많은 글을 지었다. 성인은 날마다 묵주 기도를 바치고, 또 아침 일찍 일어나는 즉시 성당에 가서 성모님의 강복하심을 구하였다.

하루는 누군가 그에게 물었다. "어찌하여 그토록 성모님을 사랑하십니까?" 성인은 "천주 성모는 우리들의 어머니이신데 왜 그런 질문을 하십니까?" 하고 반문하였다. 또 성인의 아름다운 덕 중에 정결의 덕이 가장 탁월하여 친척과 친구들은 모두 그를 '작은 천사'

라고 불렀다. 어쩌다 집에 오는 손님이 경건하지 못한 말을 하면, 성인의 얼굴이 즉시 붉어지고 번민하는 마음으로 견디기 어려워하였다. 그래서 그의 아버지는 이를 헤아려 손님이 성인의 마음을 모르고 '무슨 일로 그렇게 번민하는가?'라고 묻기 전에 먼저 손님에게 알려 주곤 하였다.

성모께서는 성인의 이 같은 정결함을 사랑하시어 많은 은혜를 베푸셨다. 하루는 성인이 중병을 얻어 어떠한 약도 듣지 않을 때, 아기 예수를 안고 계신 성모께서 누운 자리 앞에 갑자기 나타나시자 성인의 마음은 기쁨에 넘쳤다. 성모께서는 "네가 영원히 예수님을 뵈올 때가 아직 이르지 않았으니, 이제 힘써 공로를 세워 예수회에 입회하도록 해라. 그러면 후에 하늘나라의 복을 얻을 것이다."라고 하셨다. 그러자 성인은 즉시 병이 나았다. 이에 그는 성모님의 명을 따라 6천 리 길을 가서 로마에 이르렀다. 프란치스코 보르지아 성인이 그를 예수회에 받아들였는데, 수도한 지 열 달 만에 모든 덕을 다 갖추었으나 갑작스럽게 큰 병을 얻게 되었다. 스타니슬라오 성인은 병자성사를 받고 성체를 영한 후 손에 성모상을 받들고 팔에는 묵주를 걸고 죄를 뉘우치는 기도문을 외우고는 "성모님, 좋으시도다. 성모께서 여기 계시므로 모든 성녀들이 옹위하여 그분을 모셨다."라고 하며 죽으니, 그때 나이 48세였다. 지극히 깨끗한 이 영혼이 성모님을 따라 하늘로 들어간 그 날은 성모 승천 대축일이었다.

마침 기도 성모 성월 또는 성모 호칭 기도

기도문들 가운데 원하는 한두 가지 기도(24~30쪽에서 선택)

주님의 기도, 성모송, 영광송

04일

그리스도의 어머니

✦✦✦

덕행 실천　게으른 사람들을 권면할 것.

기도 지향　신자로서의 본분을 지키지 않는 사람들을 위하여 기도합시다.

시작 기도　성호경, 성령 송가

이끔말 | 그리스도란 '성유를 바른 자'란 뜻이다. 이는 지극히 존귀한 칭호이다. 예로부터 나라의 임금을 대관하거나 교황, 사제를 성품시킬 때 이마에 성유를 바른 것이 여기서 기인한다. 따라서 우리 주 예수님은 가장 높으신 사제이시요 만왕의 왕이시다. 성모께서는 가장 높으신 사제이시며 만왕의 왕이신 분의 어머니가 되시니 그 품위가 얼마나 귀하고 높으시겠는가?

맺음말 | 우리를 그리스도인이라고 부르는 것은 예수님의 제자요, 또한 성모님을 믿기 때문이다. 그러므로 우리는 마땅히 이 이름에 맞

게 행동해야 하는데, 과연 우리는 그렇게 하고 있는가, 아니면 그렇지 아니한가? 만일 그 이름에 우리의 행실이 합당하지 못하다면, 성모께서 가련히 여기시어 우리가 이 칭호의 높은 뜻을 알게 해주시도록 구할 것이며, 성모님을 향해 다음과 같이 기도하여야 한다.

"그리스도의 어머니, 저희를 위하여 빌어 주소서."

응 그리스도의 어머니, 저희를 위하여 빌어 주소서.

✦ 성인 사적

요한 다마셰노 성인이 성모님을 공경하는 표양

요한 다마셰노 성인이 다마스쿠스에서 관직에 있을 때, 다마스쿠스는 이슬람 국가에 속한 땅이었다. 이때 다마스쿠스 총독이 이단에 빠져 교회를 금지하였기에 이곳에는 치명하는 자가 많았다. 성인은 글을 보내어 박해당한 자를 위로하고 용기를 불어넣어 주었다. 총독이 이 사실을 알고 분한 마음이 들어 성인을 해치고자 하였다. 그는 성인의 필적을 본떠 "다마스쿠스를 탈취하고 이슬람 국왕을 쫓아내는 것은 쉬운 일이다."라는 거짓 글을 꾸며 그것을 성인이 총독에게 보낸 것처럼 하였다. 총독은 이 거짓 글을 이슬람 국왕에게 보냈다.

국왕은 이 필적을 보고 요한의 글씨라고 생각하여 즉시 요한의 관직을 박탈하고 잡아 심문하였다. 그는 먼저 성인의 오른손을 자르고 모든 사람 앞에서 "이 사람이 내 나라를 해롭게 하고자 하는 글을 총독에게 보냈다."라고 말하였다. 이 말을 들은 성인은 비로소 총독의 흉계임을 알고 그날 저녁에 한 사람을 이슬람 국왕에게 보내어 그의 손을 돌려주도록 아뢰게 하였다. 그리고 성모상 앞에 무릎을 꿇고 기도하였다. "성모님, 우리 주 예수님께서는 제 손이 끊어진 이유를 밝히 아시나이다. 이제 천주 대전에서 어찌 감히 제 손을 다시 얻기를 구하겠습니까마는, 만일 우리 주 예수님과 성모님의 공로로써 하느님께 전구하시면 제 몸이 완전히 전과 같이 될 것입니다." 기도를 마친 후 잠깐 잠든 사이에 그의 꿈속에 성모께서 친히 나타나시어 "네 손으로 나를 위하여 좋은 글을 많이 썼으므로 이제 네 원대로 해줄 것이니, 너도 또한 나에게 약속한 대로 하여라." 하셨다. 잠에서 깨어 보니 손이 과연 전과 같이 되었고, 오직 기적의 증거로서 그 상했던 곳에 실낱같은 핏자국만 남았을 뿐이었다. 이튿날 아침 이슬람 국왕을 찾아가 팔을 들어 성모님의 은혜 입은 바를 밝혀 보이니 국왕은 탄복하여 그에게 관직을 다시 주고자 하였다. 그러나 성인은 사양하여 받지 않고 세속을 피하여 덕을 닦겠다고 하였다. 그리고 곧 재산을 팔아 일부는 친척들에게 나누어 주고, 일부는 가난한 사람들에게 나누어 주어 그들을 구제하였다.

마침 기도 성모 성월 또는 성모 호칭 기도
　　　　　　기도문들 가운데 원하는 한두 가지 기도(24~30쪽에서 선택)
　　　　　　주님의 기도, 성모송, 영광송

05일

천상 은총의 어머니

✦✦✦

덕행 실천 비신자에게 선교할 것.
기도 지향 비신자들을 위하여 기도합시다.

시작 기도 성호경, 성령 송가

이끔말 | '천상 은총의 어머니'라 이르는 것은 성모께서 낳으신 예수님이 본래 은총의 근원이 되시기 때문이다. 또 하느님께서는 세상 사람들에게 성모님의 손을 통해 모든 은혜를 주시기 때문이다. 시에나의 베르나르도 성인은 "성모께서 이미 천주의 어머니가 되셨기에 천주의 신성한 은혜가 모두 성모님 손안에 있고, 또 우리가 은혜를 받음은 성모께서 허락하셨기 때문이다."라고 하였다. 베르나르도 성인 역시 "우리 사람이 온 마음과 정성으로 성모님을 사랑하는 것이 하느님의 거룩하신 뜻이기에, 성모님을 통해서 온갖 은혜가 다 우리에게 내린다."라고 말하였다. 그러므로 성모님을 일컬어 '천상 은총의 어머니'라고 하는 것이다.

맺음말 | 하느님께서 성모님이 모든 이에게 은총을 나누어 주시기를 원하시니 우리는 마땅히 기뻐해야 할 것이다. 성모께서는 항상 우리를 생각하시어 우리들이 은총을 얻기를 바라시며, 우리에게 은혜를 주시기를 원하시는 마음이 우리가 은혜를 바라는 마음보다 더욱 간절하시다. 만일 우리가 은총을 잃어 하느님 도움의 은총 없이 다만 자기 능력에만 의지하려고 하면 결코 허물을 고치거나 공을 세우지 못할 것이다. 그러므로 우리가 힘을 다하여 은총을 회복하고자 한다면, 마치 어린아이가 어머니에게 온전히 의탁하는 것처럼 성모께 의탁해야 할 것이다. 이를 위해서 성모님을 향해 다음과 같이 기도하여야 한다.

"천상 은총의 어머니, 저희를 위하여 빌어 주소서."

응 천상 은총의 어머니, 저희를 위하여 빌어 주소서.

✦ 성인 사적

하느님께서 작은 형제회 창설자인 프란치스코 성인에게 천상 은총 얻는 법을 가르치심

오상五傷을 받은 프란치스코 성인은 어려서부터 성모님을 지극히 공경하여 특별히 성모님의 큰 은혜를 입었다. 성인이 성당에서 수도자가 될 지향을 갖고 수도회 회칙을 정하려 할 때, 성모께서 신비로운 꿈으로 교황에게 나타나 보이시어 그 회칙을 허가하도록 하셨다. 성인은 수도회 수사들과 더불어 오로지 가난함을 즐기며 괴로움을 이김으로써 예수의 수난하심을 더욱 흠숭하였으며, 또 성모님의 원죄 없이 잉태되심을 공경함으로써 백성을 감화시켜 교회를 크게 빛나게 하였다.

하루는 성인이 구하는 바가 있었으나, 하느님께서 은혜를 곧 내려 주지 않으셨다. 성인이 다시 구하니 하느님께서 "네가 먼저 성모께 구하였느냐?"라고 하셨다. 성인이 "아니하였나이다."라고 대답하니, 하느님께서는 "네가 나에게 은혜를 얻고자 하면서 어찌하여 먼저 성모께 구하지 아니하였느냐?"라고 하셨다. 이후로 성인은 은혜를 바랄 때에는 먼저 성모께 간구하였다. 성모님은 성인이 진심으로 바라는 마음을 보시고 특별히 은혜를 베푸시어, 성인이 성당에서 선종하여 하늘나라에 이르게 하셨다.

마침 기도 성모 성월 또는 성모 호칭 기도
기도문들 가운데 원하는 한두 가지 기도(24~30쪽에서 선택)
주님의 기도, 성모송, 영광송

Madonna and Child with two angels playing music
Raffaellino del Garbo
Gemäldegalerie, Berlin

06일

티 없으신 어머니

✦✦✦

덕행 실천　자기 처지에 맞추어 성모님의 정결하심을 본받아 따를 것.
기도 지향　자기 처지에 맞게 정결함을 지키는 이들을 위하여 기도합시다.

시작 기도　성호경, 성령 송가

이끔말 | 성모께서 천주 성자를 낳으셨음에도 정결한 몸이 손상되지 않으셨던 것은, 천주 성령께서 전능으로 동정을 거스름 없이 성모님의 깨끗한 피로써 태(胎)를 이루게 하셨기 때문이다. 아우구스티노 성인은 "성모께서 해산하시기 전과 해산하실 때와 해산하신 후에 항상 정결한 동정녀가 되심은, 마치 태양이 유리그릇에 비칠 때 그릇이 조금도 손상되지 아니할 뿐만 아니라 더욱 그 빛을 더함과 같다. 따라서 성모님을 일컬어 티 없으신 어머니라 이르는 것이다."라고 하였다. 천주의 어머니 마리아께서는 지극히 티 없으신 마음으로 하느님을 만유 위에 사랑하시고, 다음으로 그의 정배(淨配) 성 요셉을 사랑하시어 평생

온전히 깨끗하신 동정녀와 정결하신 어머니의 본분을 지키셨다. 그러므로 지극히 티 없으신 어머니라고 하는 것이다.

맺음말 | 정결한 덕은 지극히 귀중하다. 요한 그리소스토모 성인과 베르나르도 성인은 모두 "육정을 이기고 정덕貞德을 지키는 사람은 천사보다 더 찬미 받을 만하다. 천사가 정덕을 지키는 것은 육체가 없기 때문에 가능하지만, 사람은 육정이 있음에도 불구하고 그 정욕의 종이 되지 아니하여 정덕이 능히 천사와 같기 때문이다. 따라서 어찌 더욱 찬미할 만하지 않겠는가?"라고 하였다.

또한 정덕은 등급이 있는데, 동정의 정결함은 상등上等이고, 과부나 홀아비의 정덕은 중등中等이며, 부부간의 정덕은 하등下等이다. 비록 동정의 정덕에 비길 수는 없으나 중등과 하등의 정결함 또한 좋고 귀한 것이다. 각 사람이 자기의 처지에 따라 이와 같은 정덕을 지키면 전적으로 성모님의 마음을 즐겁게 해드리는 것이 되므로, 이 아름다운 정덕을 얻고자 하는 사람은 마땅히 성모님을 향해 다음과 같이 기도하여야 한다.

"지극히 정결하신 어머니며 지극히 티 없으신 어머니, 저희를 위하여 빌어 주소서."

응 지극히 정결하신 어머니며 지극히 티 없으신 어머니, 저희를 위하여 빌어 주소서.

✦ 성인 사적

성모께서 동정을 지키는 이를 위안하심

프란치스코 살레시오 성인이 하루는 성당에서 기도할 때, 다른 날보다 더 열절함을 깨닫고 본래 동정을 지키려던 뜻을 이날 온전히 굳히게 되었다. 이후부터 성인은 올바른 도리를 묵상하여 극기에 힘썼는데, 오관五官[2]을 조심하고, 재계를 지키며 기도하고, 거친 옷을 입었으며, 날마다 그 마음의 열절함을 더해 갔다. 마귀가 이때를 기회 삼아 그를 시험하기 위하여 번번이 그가 하늘나라에 이르지 못하고 반드시 지옥 벌을 받을 것이라는 생각을 일으켜 실의에 빠지게 하였다.

한 달 남짓 후, 성인이 이를 견디지 못하여 성모께 도우심을 빌며 "제가 과연 영원히 하느님을 사랑하지 못할 것이라면, 세상에 있을 때라도 더욱 마음을 다하여 사랑하려 하나이다." 하고 기도하였다. 이같이 진실로 열심히 기도하는데 하느님께서 어여삐 보지 않을 수는 없으실 것이다. 성인이 기도를 마치기도 전에 갑자기 마음이 평화로워지고 전에 의심했던 것이 다 사라지고, 즐거움이 넘쳤다. 성인은 성모님의 큰 은혜를 얻었음을 스스로 깨닫고, 이 날부터 종신토록 날마다 '성모송'을 한 번씩 더 외워 감사의 뜻을 표하였다.

---

[2] 육신의 다섯 가지 감각 기관을 일컫는 말로, 귀·눈·코·입·피부를 가리킨다.

마침 기도 성모 성월 또는 성모 호칭 기도

기도문들 가운데 원하는 한두 가지 기도(24~30쪽에서 선택)

주님의 기도, 성모송, 영광송

07일

순결하신 어머니이며
흠 없으신 어머니

✦✦✦

덕행 실천 저녁 기도 바칠 때마다 그날 범한 죄를 성찰할 것.

기도 지향 대죄 · 소죄를 힘써 피하지 않는 사람들을 위해 기도합시다.

시작 기도 성호경, 성령 송가

이끔말 | 성모님의 몸은 지극히 깨끗하시거니와 완전하고 순결한 영혼을 지니셔서 더욱 훌륭하다. 세상에서 사람의 영혼을 손상시키는 것은 무엇이며, 사람의 영혼을 더럽히는 것은 무엇인가? 죄악이다. 대죄는 사람 영혼의 생명이 되는 천상 은총을 잃게 하므로 한 번 대죄를 범한 자는 그 영혼이 하느님 앞에서는 마치 주검 같아 그 더러움을 견디기 힘들다. 그리고 소죄는 비록 영혼의 생명을 온전히 잃게 하지는 않지만 그 생명을 감소시킨다. 그러므로 소죄를 힘써 피하지 않으면 그 영혼이 날로 쇠약해져 마치 병자의 몸과 같게 될 것이고, 또 아름다운 옷을 더럽혀 냄새가 나는 것과 같을 것이다. 성모님의 영혼은 홀로

대죄가 없을 뿐만 아니라 소죄의 그림자도 없으시며, 또 주님의 뜻을 어기는 일도 없을 뿐만 아니라 터럭만큼도 이지러짐이 없으시다. 따라서 성경에서는 성모님을 찬양하여(루카 1,42 참조) '온전히 아름답고 고우시다'라고 하였으며, 또한 그 아름다우심을 둥글고 가득한 달과 밝고 빛나는 해에 비유하였다.

맺음말 | 우리는 이미 성모님의 자녀가 되었다. 자녀가 되면 그 어머니를 닮고자 노력해야 한다. 그러므로 마땅히 성모님을 본받아 따름으로써 대죄뿐 아니라 소죄까지도 멀리하여야 한다. 그렇게 하지 않으면서 어떻게 성모님을 우리들의 어머니라 부를 수 있겠는가? 오늘 성모님 앞에 엎디어 '과연 이와 같은지 아닌지'를 생각하고, 불행히 대죄가 있거든 즉시 통회하여 낱낱이 고해하고, 소죄가 있거든 또한 마음에 뜻을 세워 반성하여야 한다. 그래서 이후로는 다시 대죄를 범하는 일이 없도록 해야 할 것이다. 또한 소죄의 수효를 줄이도록 노력하고, 항상 성모께 힘을 더 많이 주시도록 성모님을 향해 다음과 같이 기도하여야 한다.

"순결하신 어머니이며 흠 없으신 어머니, 저희를 위하여 빌어 주소서."

응 순결하신 어머니이며 흠 없으신 어머니, 저희를 위하여 빌어 주소서.

✦ 성인 사적

루도비코 성왕聖王 이 성모님의 도우심에 힘입어 죄에 빠지지 아니함

루도비코 성인은 프랑스 국왕이었다. 그가 태어나기 전에 그의 어머니는 세상의 온갖 복을 다 갖추었으나 다만 한 가지, 자녀가 없었다. 어느 날 어머니가 도미니코 성인에게 물었다. "어떻게 하면 하느님의 강복을 받아 대를 이을 아들을 얻을 수 있겠습니까?" 성인은 "황후가 구하는 바를 얻고자 한다면 열심으로 성모께 기도하되 망덕望德[3]을 굳게 하여 의심하지 않아야 한다."고 하였다. 황후가 성인의 말씀과 같이 성모께 항구하게 구한 지 한 해 만에 과연 아들을 낳아 이름을 '루도비코'라고 지었다. 성인은 어려서부터 어머니의 훈계에 따라 하느님을 흠숭하며 성모님을 열심으로 사랑하고 온갖 덕을 힘써 닦았다. 그의 어머니는 그에게 "애야, 하느님께서는 내가 너를 얼마나 사랑하는지 분명히 아신다. 그러므로 나는 네가 중죄를 범하며 살기보다는 차라리 내 앞에서 대죄 없이 죽기를 원한다."라고 주의를 주곤 하였다. 이때부터 루도비코 성인은 항상 조심하여 종신토록 죄를 범하지 않으려고 힘썼다.

하루는 루도비코 성왕이 한 대신에게 "내 마음은 차라리 이 나라를 잃을지언정 어떤 큰 죄도 범하는 것을 원하지 않는다."라고 말

---

[3] 신(信)·망(望)·애(愛) 삼덕의 하나로, 영원한 생명을 지향하고 기대할 수 있는 신앙적인 능력을 말한다.

하였는데, 이처럼 성왕이 성모님을 사랑하는 정은 뛰어난 것이었다. 가르멜회의 수도자들이 가장 열심으로 성모님을 사랑하므로 성왕은 이 수도원을 처음으로 나라 안에 세워 항상 보호하며 큰 은혜를 베풀었다. 또 성왕 자신이 프란치스코 제3회[4]에 들고부터는 기쁜 마음을 이기지 못해 주일마다 많은 음식을 준비하여 가난한 사람들을 먹였고, 또 성모 축일 전날이면 엄격히 재를 지켜 밀떡과 채소만을 먹고 다른 음식에는 입도 대지 않았다.

마침 기도 성모 성월 또는 성모 호칭 기도
기도문들 가운데 원하는 한두 가지 기도(24~30쪽에서 선택)
주님의 기도, 성모송, 영광송

---

[4] 원문에서는 '성의회(聖衣會)'라 하였는데, 루도비코 성왕은 '프란치스코 제3회'에 입회한 것으로 알려져 있다.

08일

사랑하올 어머니

✦✦✦

덕행 실천   자기를 성모께 바칠 것.

기도 지향   성모님을 사랑하는 마음이 더 많아지도록 기도합시다.

시작 기도 성호경, 성령 송가

이끔말 | 성모님을 사랑하는 데에는 많은 이유가 있다. 첫째는 하느님께서 성모님을 지극히 사랑하시기 때문이다. 둘째는 성모께서 우리들의 인자하신 어머니이시기 때문이다. 베르나르도 성인은 "성모께서 예수님을 잉태하여 낳으시고, 우리를 위하여 하느님께 간절히 구하시고, 우리를 마음에 품어 생각하시는 것이 어머니 같으시고, 또 예수님이 십자가에 못 박혀 계실 때 성모께서 친히 그것을 보시고 거룩하신 그 마음이 어찌나 슬프고 아프셨는지, 마치 우리를 낳으시는 어머니의 산고와 같으셨다. 이제 성모께서는 하늘나라에 계셔서 더욱 우리를 사랑하시니, 어찌 사랑으로써 사랑을 갚지 않을 수 있겠는가?"라고 하였다.

셋째는 성모께서 갖가지 아름다우심과 좋으심을 가지시고, 또 그 공덕과 지위가 매우 크고 높으시어, 세상에 계실 때에는 그 깨끗하심과 아름다우심이 사람들의 마음을 즐겁게 하셨으며 사람의 사욕을 소멸하게 하셨고, 이제 천상에 계시어 더욱 아름답고 좋으심으로 우리를 지극히 즐겁게 하시고, 또 우리와 함께 영원한 복락을 누리기를 지극히 원하시기 때문이다. 따라서 우리 마음이 비록 돌같이 굳으나, 어찌 성모님을 사랑하고 공경하지 않을 수가 있겠는가?

맺음말 | 성모님을 마땅히 사랑해야 할 것이니, 그러면 사랑하는 방법을 어떻게 취할 것인가? 이에 대하여 이냐시오 성인은 사도 성 요한의 말씀(1요한 3,18)을 이렇게 해석하였다. "빈말로써만 사랑할 것이 아니라 마땅히 행실로써 사랑하여야 참사랑이 될 것이다. 이제 우리가 본분을 다하여 악을 피하고 선을 행하여 예수님의 공로를 저버리지 않으면, 이것이 성모님의 마음을 즐겁게 해드리는 것이니, 이렇게 함으로써 사랑한다고 할 수 있을 것이다." 또한 우리가 지극히 궁핍하여 성모께 드릴 것이 없으나 성모님의 원의대로 우리 육신의 오관과 영혼의 삼사三司[5]를 다해 사랑하올 성모께 전구하여 예수님께 바쳐 드리기를 구한다면, 이는 하느님의 거룩한 뜻에 맞아 성모께서 기뻐하실 것이다. 그러므로 성모님을 향해 다음과 같이 기도하여야 한다.

"사랑하올 어머니, 저희를 위하여 빌어 주소서."

응 　사랑하올 어머니, 저희를 위하여 빌어 주소서.

---

[5] 영혼의 세 가지 관능(官能)을 일컫는 말로, 명오(明悟, 지혜), 기함(記含, 기억), 애욕(愛慾, 사랑)을 가리킨다.

♦ 성인 사적

성모께서 아름다우심을 나타내심

옛날에 한 신부가 있었다. 그는 성모님을 사랑하는 마음으로 성모께 한 번만이라도 나타나 주시기를 간절히 기도하였다. 이에 성모께서 한 천사를 보내시어 다음과 같이 이르게 하셨다. "네가 감히 성모님이 나타나 주시기를 바라니, 만일 성모님을 뵈오면 두 눈이 멀게 될 것이다." 신부가 대답하기를 "제가 진실로 성모님을 뵈옵고자 원하오니 비록 눈이 멀지라도 좋습니다."라고 하였다. 이 말을 듣고 천사는 떠나갔다.

신부는 다시금 '만일 두 눈이 다 멀면 미사를 드리지 못할 것이요, 선행을 하지 못할 것이다. 성모께서 나타나 보이실 때 한 눈은 감고 한 눈만 뜨고 보아 한 눈만 머는 것이 좋겠다'고 생각하였다. 과연 성모께서 나타나 보이실 때 그는 한 눈만 뜨고 성모님의 아름답고 좋으심을 한 번만 보았는데, 그 즐거움이 비할 데가 없었다. 그래서 그는 '나머지 한쪽 눈도 떠서 성모님을 뵙는 영광을 놓치지 말아야겠다'고 생각하고 즉시 두 눈을 다 뜨니, 성모께서 문득 보이지 않으시고 한쪽 눈만 멀었다.

이에 눈물을 흘리며 "진실로 어리석도다. 한 눈을 어디다 쓰겠는가? 차라리 성모님을 뵈옵고 두 눈이 다 머는 것이 좋겠다." 하고는 성모께 다시 나타나 주시기를 구하니 성모께서 나타나 보이셨다. 그런데 성한 눈이 멀지 않았을 뿐 아니라 전에 먼 눈까지 다시 밝아졌다. 신부가 성모님을 사랑하여 차라리 두 눈이 다 멀지

언정 성모님을 뵈옵기를 간절히 원한 까닭에, 성모께서 특별히 은혜를 내려 주신 것이었다.

마침 기도 성모 성월 또는 성모 호칭 기도
기도문들 가운데 원하는 한두 가지 기도(24~30쪽에서 선택)
주님의 기도, 성모송, 영광송

09일

탄복하올 어머니

♦♦♦

덕행 실천 성모님을 위하여 오늘 죄를 범하지 않도록 노력하는 일.
기도 지향 본분을 지키지 않는 사람들을 위하여 기도합시다.

시작 기도 성호경, 성령 송가

이끔말 | 하느님께서 세우신 인류의 일상적인 법[6]에 따르자면 동정녀는 결단코 아들을 낳지 못할 것이요, 아들을 낳으면 이미 동정녀가 아니다. 그러나 홀로 성모님은 아들을 낳으신 어머니의 기쁨을 지님과 동시에 동정의 영광 또한 지니신다. 이는 하느님께서 성모님을 위하여 특별하신 은혜로 인류의 자연적인 이치를 뛰어넘게 하신 것이다. 그러므로 교회에서는 이 큰 은혜를 기이하게 여겨 "천주의 전능으로 우리에게 이 무궁한 신업神業을 얻게 하시니 오묘하시도다. 동정을 거스름

---

[6] 원문에는 '人類之(常規)'로 나온다.

없이 태胎를 이루어 하느님의 보좌寶座가 되셨으니 만백성이 다 용약하여 하느님께 돌아와 하느님을 영광스럽게 하시는도다."라고 하였다.

또 옛날에 예레미야와 이사야 예언자가 성모님을 찬양하여(이사 7,14 ; 11,1 ; 예레 30,9.21 참조) "하느님께서 장차 신비로운 일을 행하시어 동정녀로 하여금 우리 주님을 낳게 하시리라."고 하였다. 그러므로 성모님을 찬양하여 '탄복하올 어머니'라고 하는 것이다.

맺음말 | 성모께서는 실로 동정이시요, 또 천주의 어머니가 되시니 그 지위가 얼마나 높으시겠는가? 성모께서 이 지극히 높으신 지위를 이루신 것은 하느님의 뜻에 항상 순명하고, 하느님의 계시하심에 항상 순명하셨기 때문이다. 우리 주 예수께서 말씀을 선포하실 때 성모께서 형제들과 함께 예수를 찾으니, 어떤 이가 예수께 "스승님의 어머님과 형제들이 스승님과 이야기하려고 밖에 서 계십니다."(마태 12,47) 하고 말하였다. 그러자 예수님께서는 "하늘에 계신 내 아버지의 뜻을 실행하는 사람이 내 형제요 누이요 어머니입니다."(마태 12,50)라고 하셨다. 이는 성모님의 품위가 지극히 크고 높으시나, 더욱 칭찬받을 사람은 성부의 뜻에 순명하는 이들임을 이르신 말씀이다.

우리가 우리 주 예수님과 성모 마리아님의 마음을 즐겁게 해드리기를 원한다면, '십계명'과 '교회의 가르침'과 자기 본분을 온전히 지켜야만 할 것이다. 슬프도다! 수많은 사람이 기도문을 매일 조금만 바치고, 다른 본분에는 마음을 쓰지 않으면서 마치 열심한 것처럼 생각하고 있으니, 이러한 사람은 오히려 죄 중에 있으므로 열심으로 성모님을 사랑하는 사람이라고 할 수는 없다. 그러므로 각자는 본분 지키기에 힘쓰면서 성모님을 향해 다음과 같이 기도하여야 한다.

"탄복하올 어머니, 저희를 위하여 빌어 주소서."

응 탄복하올 어머니, 저희를 위하여 빌어 주소서.

✦ 성인 사적

프란치스카 성녀가 세상에서 큰 공덕을 세움

프란치스카 성녀는 로마 귀족 가문의 딸이었다. 어려서부터 언행을 지극히 삼가고 쓸데없는 문밖출입이나 농담을 즐기지 않고 오직 성모 공경하기를 좋아하였다. 그러던 중 11세에 이르러 동정의 아름다운 덕을 지키기로 허원하고 수녀원에 들어갔다가, 후에 부모의 뜻에 순응하여 부유한 집으로 출가하였다. 그러나 항상 부녀자로서의 모든 덕을 닦아 기도의 본분과 성모 공경하는 기도문을 하나도 빠뜨리지 않았다. 마음에는 항상 평화를 잃지 않았으며, 입으로 남의 장단점을 함부로 말하지 않았고, 집안일을 잘 다스려 한가함이나 헛된 영화를 멀리하였으며, 화려함을 좋아하지 아니하여 거친 옷들만 입었다. 더욱이 부유한 집안의 부녀자들에게도 자기와 같이 검소하게 생활하도록 권하였다.

또한 프란치스카는 다투는 자는 화목하게 하고, 근심하는 자를 위로하며, 계명을 지키지 않는 자를 회개하게 하고, 또 모든 여인을 도와 선善으로 돌아오게 하는 일을 하는 수녀회[7]를 세웠다. 이렇듯 프란치스카 성녀의 선행은 말로 다 하지 못할 정도였다. 성모께서는 이 세상에서 그 공덕을 먼저 갚고자 하시어, 주님 성탄 대축일이 가까웠을 때 친히 아기 예수를 안아 그녀의 품에 안겨 주셨다. 성녀는 아기 예수님을 받들어 안고 마음을 다하여 공경하였는데, 사랑하는 마음이 열절하여 3일 동안 움직이지 않고 먹지도 않고 마치 천상에서 생활하는 듯하였다. 훗날 남편이 사망하자 즉시 재물을 가난한 이들에게 나누어 주어 구제하고, 세속을 떠나 이전에 그녀가 세운 수녀원에 들어가 성모님을 열심으로 더욱 공경하다가 선종하였다.

마침 기도 성모 성월 또는 성모 호칭 기도
　　　　　기도문들 가운데 원하는 한두 가지 기도(24~30쪽에서 선택)
　　　　　주님의 기도, 성모송, 영광송

---

[7]　1425년 8월에 프란치스카 성녀가 세운 '헌신 수녀회'를 말한다.

10일

창조주의 어머니

✦✦✦

덕행 실천 기도문을 외울 때, 성모님을 향하여 공경하는 마음을 다해서 할 것.

기도 지향 성모님을 공경하지 않는 사람들의 마음의 눈이 열리도록 기도합시다.

시작 기도 성호경, 성령 송가

이끔말 | 하늘에는 천사와 해와 달과 별들이, 땅에는 사람과 짐승과 초목들과 오곡백과와 온갖 보석[8]들이 얼마나 아름답고 풍성한가? 이는 오로지 하느님께서 지으시고 보존하시는 바이다. 성모께서 지극히 정결하심으로, 만물을 조성하시고 만민을 양육하시는 참 주님이신 천주 성자를 낳으셨으니, 이로 말미암아 성모님의 품위와 존귀하심이 마땅히 모든 천사와 모든 성인들보다 뛰어나신 것이다.

---

8 원문에는 오금(五金)이라고 되어 있는데, 이는 금(황색), 은(백색), 동(적색), 철(흑색), 주석(청색)의 다섯 가지 금속을 말한다.

맺음말 | 성모님의 지위가 이미 이렇듯 높으시니 우리는 성모 공경하는 정을 반드시 성모님의 지위에 맞갖게 해야 한다. 성모님을 모든 성인과 천사들보다 더 공경하는 것은 성모님의 공덕이 더 크시기 때문이다. 그러므로 우리는 열애하는 마음으로 성모님을 향해 다음과 같이 기도하여야 한다.

"창조주의 어머니, 저희를 위하여 빌어 주소서."

응 창조주의 어머니, 저희를 위하여 빌어 주소서.

✦ 성인 사적

헝가리의 스테파노 성왕聖王**이 성모님을 공경하는 표양**

스테파노 성인은 헝가리 국왕이었다. 어려서부터 보통 사람과는 달리 한 번 글을 읽으면 모두 외웠다. 성인은 비록 나이가 어렸으나 신하와 백성들에게 하느님을 알도록 권하였고, 15세 되었을 때는 부왕父王이 성인에게 나라를 다스리게 하였다. 부왕의 자리를 이어 임금이 된 성인은 바른길을 따르고 그릇된 길을 따르지 않았으며 백성을 평안하게 하였다.

그런데 오래지 않아 이웃 나라 왕이 성왕의 나라를 빼앗으려 군사를 거느리고 싸움을 걸어 왔다. 성왕은 '하느님의 큰 은혜와 성모님의 공로에 의지하지 않으면 저 적국을 이기기 어렵다'고 생각하고, 즉시 성모 대전에 엎디어 "동정 마리아님, 제가 공덕이 없사오나 성모께 간절히 구하오니, 우리 미약한 나라를 보우(保佑)해 주시면 제가 이 나라를 성모께 바치겠습니다. 만일 하느님의 의노(義怒)가 장차 저의 죄를 벌하려 하신다면 어찌 감히 그 명을 받들지 않겠습니까마는 부디 우리 백성을 용서해 주시기를 간구하나이다." 하고 기도하였다. 기도를 마치자 갑자기 이웃 나라 왕이 사람을 보내 군사를 거두어 돌아간다는 명을 전하였다. 이에 성왕은 이것이 하느님의 큰 은혜와 성모님의 보우하심인 줄 알고 감사하여 성당을 세워 아름답게 꾸미고 성모님을 받들어 헝가리의 주보로 삼았다. 이때부터 백성들은 성모님을 대주보라 일컬었다. 성모께서는 성왕의 공덕을 갚고자 하시어 특별하신 은혜로 성모 승천 대축일에 성왕이 세상을 떠나 하늘나라에 오르게 하셨다.

마침 기도 성모 성월 또는 성모 호칭 기도
기도문들 가운데 원하는 한두 가지 기도(24~30쪽에서 선택)
주님의 기도, 성모송, 영광송

Holy Family
Miguel Jacinto Meléndezk
Museo Nacional del Prado, Spain

11일

구세주의 어머니

✦✦✦

덕행 실천   냉담 중인 사람을 교회로 인도할 것.
기도 지향   구원받기에 힘쓰지 않는 사람들을 위하여 기도합시다.

시작 기도 성호경, 성령 송가

이끔말 | 성모님을 어찌하여 구세주의 어머니라고 부르는가? 이는 이 세상을 구원하신 천주 예수를 낳으셨기 때문이요, 인류 구원 사업에 성모님의 공이 있는 까닭이다. 생각하건대 성자 예수께서 인류를 대신하여 죽으심으로써 구원 사업을 행하실 때, 성모께서도 함께 고통을 받으시고 마음 깊이 고통을 느끼며 순명하셨다. 또한 30년 동안 예수님을 기르시며 많은 괴로움을 받으신 것은 오로지 성자 예수를 도와 십자가 위에 매달리시기까지의 구원 공로를 이루기 위한 것이었다. 성모께서는 이 구원의 공덕을 천주 성부께 드려, 우리에게 은혜를 내려 주시도록 항상 전구하신다. 그러므로 성모님을 일컬어 구세주의 어머

니라고 하는 것이다.

맺음말 | 이미 성모께서 구원 사업에 공이 있으시므로 우리는 마땅히 이 은혜에 감사하고 사모하여 이를 잘 선용善用할 수 있도록 성모께 구할 것이니, 그러므로 성모님을 향해 다음과 같이 기도하여야 한다.
"구세주의 어머니, 저희를 위하여 빌어 주소서."

응 구세주의 어머니, 저희를 위하여 빌어 주소서.

✦ 성인 사적

성모님의 전구하심에 의탁하는 사람이 선종하기 쉬움

옛날에 '레오'라고 하는 사람이 있었는데, 그는 작은 형제회의 수도자였다. 어느 날 그에게 환시가 보였는데, 하나는 붉고 하나는 흰 사다리 두 개가 땅으로부터 하늘에 이르기까지 연결되어 있었다. 붉은 사다리 위에는 거룩한 십자가와 우리 주 예수께서 계시고, 흰 사다리 위에는 성모께서 계셨다. 프란치스코 성인은 붉은 사다리에 올라 모든 사람을 불러 함께 오르려 하고 있었다. 그런데 여러 사람이 힘을 내어 올라가려 하였으나 하늘에 이르는 이가 많지 않고 떨어지는 자가 많았다. 프란치스코 성인이 이들을 다시 흰 사다리로 오르게 하니, 그 사람들이 즉시 흰 사다리로 올라 하늘나라에 쉽게 오르는 것이었다.

이는 우리 주의 공로를 입지 않고 오직 성모께만 기도하고 의지한다고 해서 쉽게 하늘나라에 오를 수 있다는 이야기가 아니다. 구원을 얻어 하늘나라에 이르고자 하려면 반드시 우리 주의 공로가 없으면 불가능하지만, 하느님께서는 세상 사람을 위하여 전구하시는 권한을 성모께 주셨으니, 우리가 성모께 의탁하고 간절히 구하면 하느님의 거룩한 뜻에 맞는 우리 주의 공로의 효험을 얻기 쉬우리라는 것이다.

마침 기도 성모 성월 또는 성모 호칭 기도
기도문들 가운데 원하는 한두 가지 기도(24~30쪽에서 선택)
주님의 기도, 성모송, 영광송

12일

지극히 지혜로우신 동정녀

✦✦✦

덕행 실천   영혼을 해롭게 하는 기회를 피할 것.
기도 지향   영혼을 위험하게 하는 기회를 피하지 않는 사람들을 위하여 기도합시다.

시작 기도 성호경, 성령 송가

이끔말 | 아우구스티노 성인은 "지혜로운 덕은 사람이 마땅히 행할 바가 무엇이며 마땅히 피할 바가 어떤 것인지를 알게 하는 것이다."라고 하였다. 베르나르도 성인은 "지혜로운 덕은 사랑하는 정을 잘 다스려서 몸의 거동을 바르게 이끈다."고 하였다. 또 암브로시오 성인은 성모님의 덕행을 찬양하면서 "성모께서 항상 보고 들으심과 거동과 말씀하심이 예의에 합당치 않은 것이 없으시어, 말씀을 적게 하여 항상 단정하시고, 진중鎭重하여 사람들에게 그릇됨이 없으시고, 모든 사람을 가르치시어 이익을 얻게 하시고, 윗사람을 공경하고 아랫사람을 자애로이 돌보심으로써 항상 평화롭게 하시고, 남의 칭찬을 멀리하시어 항

상 겸손하시고, 하느님 사랑과 이웃 사랑에 관계된 일이 아니면 결단코 밖으로 나다니지 않으셨으니, 이처럼 성모님 평생의 언행은 아름답고 범상하지 않았다."라고 하였다.

맺음말 | 우리가 성모님의 지혜로우신 덕을 배우고자 한다면 마땅히 삼사 오관三司五官을 삼가 죄를 범할 기회를 피해야만 할 것이다. 슬프도다, 우리는 지혜롭지 못한 탓에 육신에 약간만 병이 들어도 약으로 고치기를 원하며 혹시 낫지 않을까 두려워하면서, 영혼은 중병이 들어도 치료하는 것을 원하지 않고 도리어 치료의 어려움을 두려워하니, 이는 지혜가 없음이 아니고 무엇인가? 예컨대 비 올 때 고운 옷을 입고 밖으로 나가겠는가? 집에 불이 났는데 감히 안으로 들어가겠는가? 성체를 영한 후에 우리 영혼이 천주 성령의 총애를 입으니, 하느님 대전에서 이 얼마나 아름답고 고운가? 우리는 이로써 하느님의 사랑하는 자녀가 되는 것이다. 그러나 이 지극히 아름다운 은총은 무너지기 쉽고 손상되기 쉽거늘, 어찌하여 위험한 기회를 끊으며 막지 않고 천주 총애의 아름답고 귀함을 잃을까 두려워하지 않는가? 삼가고 삼가야 할 것이다. 이제 성모께서 지혜로운 덕을 우리에게 주시어 은총을 보존하게 하시기를 구할 것이니, 마땅히 다음과 같이 기도하여야 한다.

"지극히 지혜로우신 동정녀, 저희를 위하여 빌어 주소서."

응 　지극히 지혜로우신 동정녀, 저희를 위하여 빌어 주소서.

✦ 성인 사적

성모께서 당신을 공경하는 사람을 죄에 빠지지 않게 하심

토마스 아퀴나스 성인은 이탈리아 사람이었는데, 학문이 출중하여 사람들은 모두 그를 일컬어 천사 같다고 하였다. 성인이 두세 살 때 우연히 손에 종이 한 장을 쥐고 있었는데, 유모가 그것을 빼앗으려 하자 울며 놓지 않으려 하였다. 모친이 억지로 빼앗아 보니 거기에는 성모송이 적혀 있었다. 사람들이 매우 놀라서 그의 손에 다시 쥐여 주니 즉시 울음을 그치고 마치 단것을 먹듯이 삼켜 버렸다. 훗날 성인이 장성해서 더욱 성모님을 공경하여 수도원에 입회하기를 원하였다. 그러자 친척과 친구들이 온갖 방법을 동원해 방해하였다. 그래도 성인의 마음은 움직이지 않았다. 훗날 친척과 친구들이 다시 그를 시험하고자 음탕한 여인을 성인이 있는 방으로 보내어 그 정결한 몸을 더럽히려 하였다. 그러자 성인은 놀라 간절한 마음으로 부르짖으며 성모께 기도하고, 즉시 횃불을 들고 여인을 쫓아낸 후, 방문을 닫고 숯덩이로 십자 성호를 벽에 그었다. 그리고 하느님과 성모께 보우하심을 구하며 종신토록 동정을 지킬 뜻을 밝혔다. 그런 다음 피곤하여 잠자리에 들었는데, 두 천사가 내려와 그를 위로하고 신비로운 띠로 그의 허리를 묶었다. 이날부터 성인은 사악한 마귀의 유혹을 근심하지 않았으며 영혼의 깨끗함을 얻게 되었다.

마침 기도 성모 성월 또는 성모 호칭 기도

기도문들 가운데 원하는 한두 가지 기도(24~30쪽에서 선택)

주님의 기도, 성모송, 영광송

13일

공경하올 동정녀이며 찬송하올 동정녀

✦✦✦

덕행 실천   '성모송'을 외우고 성물을 공경할 것.
기도 지향   성모님을 공경하여 찬송하지 않는 사람들을 위하여 기도합시다.

시작 기도 성호경, 성령 송가

이끔말 | 모름지기 높은 지위에 있는 이와 선덕善德이 있는 이들은 모두 공경과 찬송을 받는다. 하물며 성모님은 천주의 어머니이시니 그 품위가 높으심이 어떠하며, 그 선덕의 갖추심이 어떠하겠는가? 옛날에 성인이 이르기를 "성모님의 품위가 높으심은 하느님께서 잘 아실 것이요, 선덕을 갖추심은 모든 천사와 성인보다 뛰어나시다. 말하자면 모든 진복자眞福者의 선덕을 성모께 비긴다면, 한 방울의 물을 강에 비기는 것과 다름없기 때문에, 마땅히 성모님을 일컬어 공경하올 동정녀이며, 찬송하올 동정녀라 하는 것이다."라고 하였다.

맺음말 | 어떤 사람이 "마땅히 성모님을 공경하고 찬송하려면 어떻게

해야 할까요?"라고 묻는다면, 그 대답은 다음과 같다. "성모님을 공경하고 찬송하는 법에는 여러 가지가 있다. 첫째는 지극히 겸손하고 열절한 마음으로 꿇어 절하고 염경하는 예절을 다하여 성모님을 사모하는 것이요, 둘째는 정성 어린 마음으로 성모님의 이름을 공경하여 자주 부를 것이요, 셋째는 성모상을 친히 성모님을 대하듯이 모시고 경애하는 것이요, 넷째는 성모 성당이 있거든 반드시 나아가 예를 갖추는 것이요, 다섯째는 성모님을 위하는 묵주와 성패 같은 것을 소중히 여기는 것이다. 즉 오로지 성모님을 찬양하여 묵주 기도를 바치는 것과 다른 사람이 성모님을 공경하도록 권하는 것이 중요하고 마땅하다." 그러므로 이제 우리는 열애하는 마음으로 성모님을 향해 다음과 같이 기도하여야 한다.

"공경하올 동정녀이며 찬송하올 동정녀, 저희를 위하여 빌어 주소서."

응 공경하올 동정녀이며 찬송하올 동정녀, 저희를 위하여 빌어 주소서.

✦ 성인 사적

성모님을 공경하고 찬송하는 이는 일정한 갚음을 얻음

우리 주 예수께서 승천하신 후에 요한 사도는 15년 동안 성모님을 섬기면서도 감히 우러러보지 못하였다. 훗날 비르지타 성녀가 기도 중에 천상에서 성 요한 사도의 눈이 빛나고 있는 것을 보았는데, 이는 성 요한 사도가 이 세상에 있을 때 항상 성모님을 공경하여 감히 우러러보지 못한 정성에 대한 갚음을 받은 것이다.

한 과부가 있었다. 그녀는 매우 가난했는데도 본분을 다하여 날마다 성모님을 공경하였다. 과부는 임종 때 신부를 청하여 병자성사를 받고 성체를 영하려 하였다. 한편 그때 계명을 지키지 않는 부자 한 사람도 신부에게 병자성사를 청하였다. 신부가 봉성체奉聖體[9]를 위해 먼저 과부의 집에 이르러 보니, 여러 천사들이 모신 가운데 성모께서 과부가 누운 자리 앞에서 수건으로 땀을 씻어 주고 계셨다. 성모께서 성체가 임하심을 보시고 즉시 꿇어 공경하시더니, 과부가 병자성사를 받고 성체를 영한 후에 평안히 죽자 성모께서는 그 영혼을 이끌고 승천하셨다.

신부가 부자의 집에 이르러 보니 많은 마귀들이 박쥐 모양으로 방에 가득 차 있었고, 병든 부자는 대단히 놀라고 무서워하며 헐떡이는 소리로 "이 박쥐를 쫓아내 달라."고 부르짖고 있었다. 잠시 후 흉악한 마귀가 병자의 혀를 쇠갈고리에 걸어 당기다가 영혼이 빠져나오자 마귀들이 독해毒害하여 그를 끌고 지옥으로 내려갔다.

마침 기도 성모 성월 또는 성모 호칭 기도

　　　　　　기도문들 가운데 원하는 한두 가지 기도(24~30쪽에서 선택)

　　　　　　주님의 기도, 성모송, 영광송

---

[9] 공동체의 미사에 참여하지 못하는 교우들 특히 병자들에게 성체를 (모셔 가) 영해 주는 것으로, 지금의 '병자 영성체(病者領聖體)'를 말한다.

14일

든든한 힘이신 동정녀

✦✦✦

덕행 실천   실의에 빠지려 할 때 든든한 힘이신 성모님을 생각하는 일.
기도 지향   악한 유혹에 빠진 사람들을 위하여 기도합시다.

시작 기도 성호경, 성령 송가

이끔말 | 성모께서 든든한 힘이 되신 데에는 여러 가지 이유가 있다. 첫째는 천상의 일로서, 안셀모 성인이 말했듯이, 하느님께서 성모님을 선택하시어 당신의 전능으로써 지극히 높은 지위에 올리셨기 때문이다. 베르나르도 성인은 "누군가 '성모께 구하는 바를 하느님께서 허락하지 않으신다'고 하면 이는 마치 '성자 예수께서 성모님을 효(孝)로써 공경하지 않는다'고 말하는 것과 같다."고 하였다. 현자들은 이에 대하여 다음과 같이 강론하였다. "모든 천사와 성인들의 능력을 합쳐도 성모님의 능력에 비기면 미치지 못함이 많다." 그러므로 성인들은 성모님의 전구하심을 칭송하여 "얻지 못할 바가 없는 전구"라고 하였다.

둘째는 세상의 일로서, 어디에 사는 사람이든 성모께서 베푸신 은혜를 입지 않은 사람이 없기 때문이다. 이렇듯이 많고 넓으신 은덕을 여러 사람의 글로 다 기록하지 못하는데 어찌 사람의 입과 혀로 그것을 완전히 말할 수 있겠는가?

셋째는 지옥에 관한 것으로서, 악인이 성모님의 큰 능력을 대단히 무서워하기 때문이다. 베르나르도 성인은 "성모님의 거룩하신 이름을 들으면 마귀가 놀라 도망친다."라고 말하였다. 또 "성모님은 극히 뜨거운 불 같으셔서 마치 초가 불을 가까이하면 즉시 녹아 없어지는 것처럼 마귀가 성모님의 이름을 들으면 즉시 물러간다."고 하였다.

맺음말 | 우리는 극히 유약하여 온갖 장소와 상황과 관계 속에서 죄를 범하기 쉬우며, 마귀와 세속이 우리를 유혹할 뿐만 아니라, 우리 육신의 편정사욕偏情邪慾[10]이 밤낮으로 우리를 떠나지 않고 영혼을 해치고자 한다. 슬프도다, 우리가 누구를 의지하여 강해질 수 있을 것인가? 우리 주 예수 이외에는 오직 성모께서 우리의 의탁이 되시니, 성모님의 든든한 힘으로 이 삼구三仇[11]를 이길 수 있을 것이다. 성모님의 든든한 힘에 의탁하고자 한다면, 마땅히 성모님을 향해 다음과 같이 기도하여야 한다.

"든든한 힘이신 동정녀, 저희를 위하여 빌어 주소서."

응 든든한 힘이신 동정녀, 저희를 위하여 빌어 주소서.

---

10 자제력을 잃고 행하는 불의, 편파적인 것 또는 그러한 생각이나 습관 따위를 지칭하는 용어로, 욕정(慾情)을 뜻한다.

11 영혼 구원에 방해가 되는 세 가지 원수, 즉 마귀 · 세속 · 육신을 말한다. 세속과 육신은 그것 자체가 원수인 것이 아니라 세속의 허망됨이, 육신의 욕정이 원수라는 뜻이다.

✦ 성인 사적

성모께서 국가를 보우하시어 거느리심

스페인에 외국 침입자 8만 명이 쳐들어와 노략질로 곳곳이 극히 혼란스러웠을 때, 어진 장수 베난시오가 이들과 맞서 싸우고자 하였다. 그러나 군사가 1천 명 정도밖에 안 되었다. 군사가 너무 적어 많은 무리를 대적하지 못할까 두려워한 그는, 깊은 산골짜기로 들어가 좋은 기회를 기다리면서 성모께 그를 붙들어 도우시고 슬기와 용맹을 더해 주시기를 기도하였다. 마침내 침략자들은 그들의 군사가 많음을 믿고 그 산에 들어와 사면으로 둘러쌌다. 베난시오는 성모님의 도우심에 힘입어 맞서 싸워 반나절 만에 적병 2만 명을 무찔러 죽였다. 침략자들은 크게 패하여 물에 빠지고 서로 밟혀 죽는 등 죽은 자가 셀 수 없을 정도로 많았다. 군사를 거두어 산골짜기에 돌아온 베난시오는 승전한 땅에 성당을 세우고 비를 세워 성모님의 큰 은혜를 새기고, 아울러 후세에 성모님을 공경하고 찬송·감사하며 이를 잊지 말라고 명하였다.

마침 기도 성모 성월 또는 성모 호칭 기도
기도문들 가운데 원하는 한두 가지 기도(24~30쪽에서 선택)
주님의 기도, 성모송, 영광송

15일

인자하신 동정녀

✦✦✦

덕행 실천 항상 성모님의 인자하심에 의지할 것.
기도 지향 실망에 빠진 사람들을 성모께서 가엾이 여겨 주시도록 기도합시다.

시작 기도 성호경, 성령 송가

이끔말 | 인자하심이란 너그럽고 넓고 크며 자애로우시고 자선을 잘 베푸심을 뜻한다. 사람이 죄를 범하면 곧 성자 예수와 성모님을 능욕하는 것이 되는데도, 성모께서는 끝내 죄인을 끊어 버리지 않으시고, 항상 그를 용서하여 받아들이시고, 항상 불쌍히 여기신다. 베르나르도 성인은 "성모님의 거룩하신 마음이 넓고 어질고 항상 열려 있어 선인과 악인을 다 인도하여 받아들이신다."고 말하였다. 또한 "성모께서는 용서하여 받아들이심이 깊고 너그러우시므로, 세상에 태어나신 때부터 세상 종말에 이르도록 항상 세상 사람들을 구하신다. 그리고 교회에 나오는 사람이 당신께 가까우나 머나, 또는 그가 지혜롭거나

우매하거나 간에 모두에게 그 은혜를 주시니 그 인자하심이 크신 것이다. 성모께서 땅에 계시나 하늘에 계시나 오로지 세상 사람 구하심을 목적으로 삼으시니, 땅에 계시어 사람을 구하심은 달과 같고 하늘에 계시어 사람을 구하심은 해와 같다. 그러나 해가 달보다 더 밝고 뜨거운 것처럼 하늘나라에서 사람을 구하심이 세상에 계실 때보다 더욱 크고 너그러우시다."라고 하였다.

맺음말 | 우리 영혼은 매우 궁핍하기 때문에 성모께서는 너그럽고 자애하심으로 세계만방 사람들을 다 받아들이시어 품에 안으신다. 그러니 우리는 성모께 바라는 마음을 시시각각으로 항상 드러내며 이를 보존하여야 한다. 그러므로 성모님을 향해 다음과 같이 기도하여야 한다. "너그럽고 인자하신 동정녀, 저희를 위하여 빌어 주소서."

> 응   너그럽고 인자하신 동정녀, 저희를 위하여 빌어 주소서.

✦ 성인 사적

성모께서는 지극히 인자하시어 당신을 공경하지 않는 사람들도 보호하심

옛날에 한 아이가 있었다. 그의 이름은 에스그로였는데, 그는 기도하려 하지 않았을 뿐만 아니라, 더욱이 기도문을 외워 성모님을 공경하는 것을 좋아하지 않았다. 나이 12세였던 어느 날, 온종일 장난하며 놀다가 자신의 영악함으로 중죄를 범하게 되었다.

그 후 우연히 큰 병을 얻어 정신이 혼미해졌다가 깨어났는데, 이때 그는 이렇게 말하는 것이었다. "하느님께서 저를 지옥 불에서 구해 주셨음에 감사하오며, 성모께서 저를 지옥 불에서 구해 주셨음에 감사하나이다." 사람들이 그 까닭을 물으니, "하느님께 감사하나이다. 성모께 감사하나이다. 오늘 저를 불에 태우지 아니하셨습니다."라고 할 뿐 다른 대답을 하지 못하였다. 한참 후에 놀라며 두려워하는 모습을 진정하고 "제가 하느님 대전에서 심판을 받아 장차 지옥에 떨어지게 되었는데, 천상 성인들이 성모께 '저 사람을 위하여 어찌 하느님께 전구하지 아니하십니까?' 하니, 성모께서 '불가능하다. 그가 일생에 한 번도 나를 향하여 기도문을 외우지 않았으며, 나를 공경하여 섬기지 않았기 때문이다.'라고 말씀하셨습니다. 그러나 여러 성인이 다시 성모께 가련히 여기심을 구하자 성모께서 하느님께 구하여 저를 용서하시고 불에 타지 않게 하셨습니다."라고 하였다. 그리고 그는 다시 하느님과 성모님의 은혜에 더욱 감사하였다. 그 후 그는 성장하여 주교가 되었지만, 말년에는 주교를 사양하고 오직 수도 생활에 전념하다가 선종하였다.

마침 기도 성모 성월 또는 성모 호칭 기도
  기도문들 가운데 원하는 한두 가지 기도(24~30쪽에서 선택)
  주님의 기도, 성모송, 영광송

The Mater Dolorosa
Aelbrecht Bouts
Harvard Art Museums, U.S.

16일

성실하신 동정녀

✦✦✦

덕행 실천 이제부터 날마다 아침에 일어나서 그날 행할 일을 하느님께 바쳐 드릴 것.

기도 지향 수도자들을 위하여 기도합시다.

시작 기도 성호경, 성령 송가

이끔말 | 성모님을 일컬어 성실하신 동정녀라고 하는데, 그 이유는 두 가지이다. 하나는 성모께서 하느님의 크신 은총을 잘 보존하시어 항상 은총을 가득히 받고 날로 선善으로 나아가신 까닭이요, 다른 하나는 성모님의 아름답고 선하신 말씀과 행동이 당신을 높이고 칭송하기 위한 것이 아니라 온전히 하느님을 위하신 것이기 때문이다. 이렇게 먹을거리나 무슨 사정을 모두 다 하느님께 돌려 드려 하느님만을 위하시기에, 암브로시오 성인은 "성모님의 일생 행실은 사람의 기림을 요구하지 않으시고, 다만 하느님의 거룩한 뜻에 맞기만을 원하셨다."라고 말하였다.

맺음말 | 성모님과 요셉 성인과 요아킴 성인과 안나 성녀와 아울러 많은 대성인들이 비록 높은 덕을 갖추고 큰 공을 세웠으나, 세상에 있을 때 행한 일들을 생각해 보면 평범한 사람들과 다름이 없다. 다만 성인들의 행동은 하느님을 사모하여 영광을 받도록 하기 위한 것이요, 생각과 말과 행위도 온전히 하느님의 뜻에 합당하게 하기 위한 것이었으며, 하느님의 은총을 따르며 하느님의 좋으신 은혜를 잘 보존하였기 때문에 그 공로가 범상한 사람보다 더 큰 것이다. 우리가 성모님의 아름다운 표양을 본받고자 한다면, 마땅히 날마다 아침에 일어나서 그날 행할 일을 온전히 하느님께 드리고, 혹 낮에라도 다시 자신의 행위를 바쳐 드림이 더욱 좋다. 만일 매일 새벽에 뜻을 세워 앞으로 행할 일을 모두 다 하느님을 위하여 할 것을 원한다면, 그 행하는 일이 비록 평범하다 하더라도 그 공로는 평범하지 않은 것이다. 그 행한 일과 말과 생각과 뜻이 모두 하느님의 은총을 더할 것이기 때문이다. 이로써 현세에서는 영혼이 평안함을 얻을 것이요, 죽은 후에는 하늘나라의 복을 누릴 것이다. 그러므로 모든 사람이 충심忠心으로 하느님을 섬기고자 한다면, 반드시 성모님을 향해 다음과 같이 기도하여야 한다.

"매우 성실하신 동정녀, 저희를 위하여 빌어 주소서."

응 매우 성실하신 동정녀, 저희를 위하여 빌어 주소서.

◆ 성인 사적

이냐시오 성인이 성모님의 충성을 본받아 따름

이냐시오 성인은 스페인의 부유한 집에서 태어났다. 처음에는 군인이 되어 명예와 영광을 얻고자 하였다. 그러나 성모께서 특별히 은총의 빛을 비추시어 헛되고 만족하지 못할 세상 공명을 버리고 진실하고 다함이 없는 하늘나라의 영원한 행복을 바라도록 하셨다. 그 은혜를 받은 후 뜻을 정한 이냐시오는 세속을 끊고 어버이를 떠나 바로 성모 성당에 가서 밤늦도록 성모상 앞에 꿇어 엎드려 지난날 범한 모든 죄를 통회하고, 은총으로 도와주시기를 기도하였다. 그리고 이후부터는 수련하여 세속 명예를 버리고, 다만 덕행을 닦아 공로 세우기를 허원하였다. 두어 해가 지난 후 성모께서 특별히 도우시어 예수회를 창립하고 훌륭한 회칙으로써 모든 형제에게 예수님을 흠숭하고, 또 성모님을 경애하는 것을 제일 필요하고 중요한 일로 삼도록 권하였다. 이는 성모님의 충성된 마음을 본받아 행하는 모든 일이 항상 하느님의 뜻에 맞고 항상 하느님의 영광을 현양하게 하려는 것이었다.

성인의 열정이 이렇듯 간절하였기에 성모께서는 더욱 인자함을 드러내시어 그 뜻을 아름답게 여기고 그의 공을 갚고자 하시어 큰 은혜를 많이 베푸셨다. 그래서 수도회에서는 항상 어려움을 만날 때마다 성인이 수사들을 모두 거느리고 아들의 마음으로 성모 대전에 나아가 구해 주시기를 빌면, 성모께서 즉시 위로하여 받아 주셨다. 그리하여 예수회의 모든 수사들은 성모님의 특별하신 은총에 깊이 감격하여 열심으로 공경할 뿐만 아니라, 각 지방에 성모회聖母會를 세우고 성모님을 공경하는 글을 지어 송양頌揚함으로써, 후세 사람들이 끊임없이 성모님을 공경하게 하였다.

마침 기도 성모 성월 또는 성모 호칭 기도
기도문들 가운데 원하는 한두 가지 기도(24~30쪽에서 선택)
주님의 기도, 성모송, 영광송

17일

정의의 거울이며 상지의 옥좌

✦✦✦

덕행 실천   일하기 전에 항상 성모께 '이 일을 함께 하지 않으시겠습니까?' 하고 물을 것.

기도 지향   성모님을 본받으려 하지 않는 사람들을 위하여 기도합시다.

시작 기도 성호경, 성령 송가

이끔말 | 정의正義는 모든 덕의 근원이다. 사람들은 성모님을 대할 때 순전한 덕의 기묘하고 아름다움이 지극하여 하나도 갖추지 아니한 것이 없음을 볼 것이다. 그러므로 성모님을 일컬어 정의의 거울이라고 한다.

상지上智는 하느님의 제2위 성자를 일컫는 것으로, 성모께서 하느님의 명을 받들어 성자를 잉태하시고, 성자께서 성모님의 깨끗한 태를 빌려 아홉 달을 편안히 거처하셨다. 그러므로 성모님을 일컬어 상지의 옥좌라고 하는 것이다.

맺음말 | 성모께서는 지극하신 덕으로 성자 예수와 서로 가까우시므로 모든 성인은 성모님의 덕에 비추어 행실을 닦았다. 그러니 우리도 마땅히 모든 성인의 표양을 본받아 몸을 다스려야 한다. 암브로시오 성인은 올바른 도리에 대해 강론하면서 다음과 같이 말하였다. "성모님의 덕을 우러러 바라봄은 마치 사람이 거울을 보며 얼굴을 꾸미는 것과 같아서 마땅히 행할 바가 무엇이며 마땅히 피할 바가 무엇인가를 알게 된다." 우리는 마땅히 성모님의 거룩하신 덕을 배우고 거룩하신 표양을 본받도록 기도하고, 정성 어린 마음으로 성모님을 향해 다음과 같이 기도하여야 한다.

"정의의 거울이며 상지의 옥좌, 저희를 위하여 빌어 주소서."

응 정의의 거울이며 상지의 옥좌, 저희를 위하여 빌어 주소서.

✦ 성인 사적

성모님을 본받아 따르고자 한다면 마땅히 성모께서 우매한 이의 마음을 열어 밝히심을 본받아야 함

마음이 어진 예수회 수사 베르그만이 일찍이 성모님을 향하여 "달고 즐겁도다. 천주 성모님, 바라건대 저의 자모慈母가 되시고 또 저를 자식으로 보옵소서. 예수님 외에는 오직 성모께서 저의 진정한 의탁이시요, 사랑하올 어머니이시요, 지극히 든든하신 주보이십니다. 제가 성모님의 뜻에 맞추고자 한다면 반드시 먼저 성모님의 겸손하시고 깨끗하신 덕을 본받을 것입니다."라고 기도하였다.

이 기도에서 우리는, 성모님의 모든 덕행 중에서 우리가 가장 본받을 것이 '겸손'과 '정결'임을 알 수 있다.

또 한 사람이 있었는데, 그의 이름은 알베르토였다. 어렸을 때 사물의 이치를 깨우치는 글을 읽고자 하였으나 능력이 부족하였기에, 아침저녁으로 성모께 명오明悟[12]를 열어 주시길 기도하고 날마다 『성모일과聖母日課』[13]를 끊임없이 바쳤다. 성모께서 그의 이런 정성 어린 마음을 보시고 특별히 나타나시어 "네가 구하는 바를 허락하겠다. 그러나 네가 죽을 때에 이르면 반드시 배운 학문을 잊어버릴 것인데, 이는 사람의 능력으로 그것을 이룬 것이 아님을 알게 하기 위해서다."라고 하셨다. 이로부터 알베르토의 명오가 열려 사람들을 가르치고, 어떤 글이나 상관없이 통달하였다. 그래서 사람들은 그를 '유명한 스승'으로 일컬었다. 그런데 그가 늙어 노인이 된 어느 날 제자들을 모두 모아 놓고 강론할 때 기억력이 완전히 없어져 강론을 중단하게 되었다. 이에 그는 성모께서 일러주신 말씀을 생각하고 제자들에게 "내가 죽을 때가 되었다."고 알려 주고는, 즉시 집으로 돌아와 공부에 더욱 열중하고 묵상 기도하며 성모님의 부르심의 은혜를 기다렸다.

마침 기도 성모 성월 또는 성모 호칭 기도

기도문들 가운데 원하는 한두 가지 기도(24~30쪽에서 선택)

주님의 기도, 성모송, 영광송

---

[12] 사물에 대하여 밝게 인식하는 일. 또는 그러한 힘을 가리키는 가톨릭 용어.
[13] 성모 마리아를 기리기 위하여 『성무일도』를 본떠 간략하게 만든 기도서로, '성모 소성무일도'라고도 한다.

18일

즐거움의 샘

✦✦✦

덕행 실천   어떠한 때와 어떠한 상황을 막론하고 마음속에 신적인 즐거움을 보존할 것.
기도 지향   유혹을 받아 근심하는 사람들을 위하여 기도합시다.

시작 기도   성호경, 성령 송가

이끔말 | 성모님을 일컬어 즐거움의 샘이라고 하는데, 그 이유는 두 가지이다. 하나는 성모께서 예수 그리스도를 낳으셨기 때문이다. 또 다른 하나는 성모께서 신자들의 도우심이요, 죄인의 피신처이시요, 근심하는 이의 위안이시요, 병자의 나음이요, 하늘에 오르는 문™이신 까닭이다. 하느님께서 은총을 성모께 내리지 않으신 것이 없으니, 교회는 성모님의 탄생하심을 찬미하여 "천주의 모친이요 동정이신 마리아님, 당신의 탄생하심으로 온 세상이 큰 즐거움을 이루었으니, 이는 당신의 깨끗한 태에서 낳으신 우리 주 예수께서 정의의 태양이 되시었고, 세상 재앙에서 구원하시고 복락을 이루시며 죽을 벌을 면하여 주

시고 하늘나라를 얻어 주시는 분의 어머니가 되셨기 때문입니다."라고 이른다.

맺음말 | 근심과 실망은 사람의 품격을 떨어뜨린다. 마귀는 온갖 방법으로 근심하는 마음을 일으켜 선善으로 나아갈 뜻을 막으니, 우리가 부질없이 평화를 잃으면 마귀의 그물에 걸려 지옥에 떨어지기 쉽다는 것을 알아야 한다. 그러므로 사람은 마땅히 마음에 신적인 즐거움을 보존하여 근심과 실망하는 마음을 멀리해야 한다. 또 하늘나라의 즐거움을 누리게 해주시기를 성모께 우러러 바랄 것이니, 이 큰 은혜를 얻고자 한다면 마땅히 성모님을 향해 다음과 같이 기도하여야 한다.
"즐거움의 샘, 저희를 위하여 빌어 주소서."

응 즐거움의 샘, 저희를 위하여 빌어 주소서.

◆ 성인 사적

성모께서 친히 오시어 유혹을 받은 사람을 위로하심

팟지Pazzi의 마리아 막달레나 성녀는 어려서부터 성모님을 가장 사랑하여 말을 배울 때에 '주님의 기도', '성모송', '사도 신경'을 먼저 익혔다. 7세 때에는 가난하여 배우지 못한 사람을 만나면 마음을 다하여 기도문을 가르쳤고, 이때부터 벌써 묵상 공부를 하여 날마다 성모께서 마음에서 떠나지 마옵시기를 구하였다. 한번은 사악한 잡념이 전보다 심하게 들자 성녀는 급박함을 느껴 하늘을 우러러보았다. 그러자 성모께서 흰 비단 한 폭을 성녀의 머리 위에 덮으시며 "이 유혹이 너를 해치지 못할 것이니 두려워하지 말고, 유혹이 올 때 겸손으로써 물리치고, 또 항상 신부에게 그 사정을 밝혀 아뢰고, 기도에 더욱 힘쓰며, 몸가짐을 더욱 깨끗하게 하면 유혹이 자연히 물러갈 것이다."라고 이르셨다. 성녀는 이 거룩한 훈계를 듣고 지극한 위로와 즐거움으로 마음의 평안함을 얻게 되었다.

또 한 사람이 있었는데, 그는 항상 성모님을 찬미하여 성모님의 복을 경하하였다. 그러나 임종에 이르러서는 지옥에 떨어질까 두려워하는 근심을 갖게 되었다. 이에 성모께서 나타나시어 그에게 "아들아, 무엇을 근심하며 무엇을 두려워하느냐? 네가 평생 내 복을 경하하였으니 내가 이제 네 복을 경하하고 너를 이끌어 함께 하늘 나라에 올라 영원한 행복을 누리게 할 것이다."라고 말씀하셨다.

마침 기도 성모 성월 또는 성모 호칭 기도
기도문들 가운데 원하는 한두 가지 기도(24~30쪽에서 선택)
주님의 기도, 성모송, 영광송

19일

신비로운 그릇이며 존경하올 그릇이며 지극한 사랑의 그릇

✦✦✦

덕행 실천   날마다 선행을 막는 허물을 성찰하여 뉘우쳐 고칠 것.

기도 지향   마음을 다하여 선으로 나아가려 하는 사람들을 위하여 기도합시다.

시작 기도   성호경, 성령 송가

이끔말 | 한 성인이 "하느님께서 처음에 천지를 만드시고 모든 물이 모인 곳을 큰 바다라 하셨다. 성모님은 모든 덕과 모든 귀한 것의 모음이다. 그러므로 성모님은 큰 바다와 같으시다."라고 말하였다. 또 그는 "바다의 물방울을 헤아리기 어려운 것처럼 성모님의 신비로움 또한 측량하기 어려우니, 오직 전지全知하신 하느님께서만 아실 뿐이다."라고도 하였다. 모든 성현들 또한 한결같이 "하느님께서 위로 구품九品 천사와 아래로 각 등급의 성인에게 주신 아름다운 덕과 신비로운 은혜를 다 모아도 성모께 베푸신 덕과 은혜에는 미치지 못한다."라고 하였다. 그러므로 성모님을 일컬어 신비로운 그릇이며 존경하올 그릇이라 하

고, 성모님의 지극한 사랑에 대해서는 말로 다 하지 못하는 것이다.

　성모님의 거룩하신 마음이 온전히 하느님을 향하시니, 성인들이 모두 "성령께서 총애하시는 불로 항상 성모님의 마음을 뜨겁게 하시어, 자나 깨나 움직이나 잠잠하나 먹을 때나 말할 때나 잠시라도 거룩하신 열정이 쉼이 없고, 오히려 시시각각으로 더하여 승천하실 때까지 거룩하신 열정의 불이 더욱 치성熾盛하셨다. 이토록 지극한 충만함이 감당하기 어려운 지경에 이르시어 거룩하신 그 영혼은 마침내 정결한 육신을 떠나 하늘나라에 오르셨다. 그러므로 성모님을 지극한 사랑의 그릇이라 일컫는 것이다."라고 하였다.

맺음말 | 성모께서 세상에 계실 때 성모님은 모든 덕을 완전히 갖추고 계셨으나, 우리는 세상에 있을 때 털끝만 한 덕도 없다. 또 성모님의 마음은 항상 하늘나라를 그리워하셨으나, 우리의 마음은 항상 세속에 골몰하여 죄악 속에 살고 작은 이익을 도모하여 수고로이 지낼 뿐 아니라, 영혼을 해치는 일에 항상 즐겨 나아가고 영원한 행복을 누리게 할 기도 생활은 항상 가벼이 여겨 소홀히 한다. 그리하여 혼미함이 이미 심하고 어그러짐이 더욱 많다. 그러므로 하루빨리 성모 대전에 엎드려 신적인 지혜의 눈을 열어 주시기를 구하며, 다음과 같이 기도하여야 한다.

　"신비로운 그릇이며 존경하올 그릇이며 지극한 사랑의 그릇, 저희를 위하여 빌어 주소서."

응　　신비로운 그릇이며 존경하올 그릇이며
　　　　지극한 사랑의 그릇, 저희를 위하여 빌어 주소서.

✦ 성인 사적

성모께서 진심으로 선으로 나아가려는 자를 보우하심

루도비코 곤자가 성인은 이탈리아 귀족 가문의 사람이었다. 그의 어머니가 성인을 낳을 때 산고가 매우 심하고 위태하여 성모께 보우하심을 구하며 "은혜로써 순산하게 해주시면 이 아이를 안고 성모 성당에 나아가 조배 드릴 것을 약속하나이다."라고 기도하였더니 비로소 평안해졌다. 이렇게 태어난 성인은 어머니의 교훈에 따라 3세 때부터 하느님을 흠숭하며 성모님을 공경하고 가난한 사람을 불쌍히 여겼다. 그리하여 사람들이 모두 다 천사라고 일컬었는데, 어떤 마귀 들린 사람 하나가 많은 사람들 앞에서 "이 아이는 후에 반드시 하늘나라의 높은 자리를 얻을 것이다."라고 말하였다. 어느 날 성모님을 찬송하는 글을 우연히 얻게 된 성인은 성모상 앞에 나아가 정덕貞德 지킬 뜻을 굳혔다.

12세 되었을 때, 가롤로 성인은 그를 보고 매우 특별하게 여겨 친히 성체를 영해 주었다. 루도비코 곤자가 성인은 이날부터 기도를 더 많이 하고, 훈계를 삼가 지키어 열절한 정을 북돋우고, 더욱 온순하고 공손하게 행동하며, 매일 4시간 동안 묵상하였다. 때때로 분심이 들 때면 전의 공로는 헤아리지 않고 다만 그 순간 잘하려고 노력할 따름이었다. 성인이 수도회 입회를 원하여 성모께 뜻을 가르쳐 보여 주실 것을 청하였더니, 성모께서는 축일 미사 때 성체를 영한 그에게 나타나 보이시며 "너는 예수회에 입회하라."고 조용히 이르셨다. 그러나 성인의 아버지는 이를 허락하지 않다가 그 후 하느님의 뜻을 거스를까 두려워 허락하였다. 성인은 예수회에 들어간 뒤부터 영신적인 힘을 다하여 전보다 더 열심히 덕을 닦다가, 23세에 이르러 그의 공덕이 가득 차 편안한 상태로 하늘나라에 들어갔다. 이때 팟지의 마리아 막달레나 성녀는 묵상하다가 갑자기 기뻐하며 큰 소리로 "예수회 수사 루도비코의 영광이여, 만일 우리 주께서 내 눈에 그 이름을 보이지 않게 하셨다면, 결코 이 성인의 하늘나라 영광이 이같이 아름다운 줄을 생각하지도, 알지도 못했을 것이다."라고 외쳤다.

마침 기도 성모 성월 또는 성모 호칭 기도
기도문들 가운데 원하는 한두 가지 기도(24~30쪽에서 선택)
주님의 기도, 성모송, 영광송

20일

신비로운 장미

✦✦✦

덕행 실천 날마다 묵주 기도를 바칠 것.

기도 지향 레지오 마리애 단원들을 위하여 기도합시다.

시작 기도 성호경, 성령 송가

이끔말 | 장미가 모든 꽃 중에서 제일 아름답듯이, 성모님은 모든 천사와 성인 성녀 중에서 제일 찬미하올 분이시다. 장미의 향기로움이 오묘하듯이 성모님의 신비로운 덕은 향내 지극하니, 하늘나라의 모든 성인 가운데 성모님을 찬미하지 아니하는 이 없고, 세상의 모든 착한 사람 가운데 성모님을 본받아 따르지 아니하는 이 없다. 또 장미는 가시 가운데 있으나 가시가 없듯이 성모님은 죄인 중에 계시나 흠이 없으시다. 그러므로 성모님을 신비로운 장미라고 일컫는 것이다.

맺음말 | 성모님을 칭송하여 신비로운 장미라고 하기를 원하는 사

람에게는 좋은 방법이 있으니, 바로 묵주 기도를 바치는 것이다. 기도문을 외울 때 우리 주 예수와 성모님의 오묘하신 행실을 생각하여 공경하는 사람은 마치 아름다운 화관을 지어 성모님 머리 위에 씌워 드림과 같으니, 이것이 성모님의 마음을 가장 기쁘게 해드리는 방법이다. 매일 15단을 완전히 바치지 못하겠거든 10단이나 5단을 바치고, 주일에는 15단을 완전히 바치는 것이 좋다. 이것이 의무는 아니지만, 성모님을 사랑하는 마음이 있다면 어떻게 핑계를 대고 묵주 기도를 바치지 않을 수 있겠는가? 이제부터는 성모 대전에서 마땅히 뜻을 세워 날마다 묵주 기도 15단을 바치거나 혹 5단을 바치되, 충성스러운 마음과 사모하는 정으로 바쳐야 할 것이다. 그리하여 성모님을 향해 다음과 같이 기도하여야 한다.

"신비로운 장미, 저희를 위하여 빌어 주소서."

응 　신비로운 장미, 저희를 위하여 빌어 주소서.

✦ 성인 사적

설교회 창립자 도미니코 성인이 묵주 기도의 방식을 정함

묵주 기도 15단은 성모께서 도미니코 성인에게 가르쳐 주신 것이다. 서양에 일찍이 이단의 무리가 있어 그릇된 교리를 전하고 예수님과 성모님을 욕되게 하므로, 성인은 그들이 그릇된 길을 버리고 올바른 길로 돌아오게 하기 위하여 여러 곳을 다니며 올바른 도리에 대하여 강론하고, 날마다 기도문을 외우며 재계를 지켰다. 그러나 이단의 무리는 오히려 회개하지 않았다. 하루는 성인이 성모께 불쌍히 여기시어 주보가 되어 주시기를 열심히 간구하였더니, 아기 예수를 품에 안으신 성모께서 갑자기 나타나시어 손에 묵주 구슬 한 꿰미를 가지시고 성인을 향하여 다음과 같이 이르셨다. "이단의 무리를 인도하여 회개시키고자 한다면, 신자들에게 묵주 기도를 게을리하지 않도록 권하여라." 성인이 이 명을 받들어 각처의 신자들에게 묵주 기도를 가르쳐 외우게 하였더니 얼마 지나지 않아 이 지방 신자들이 모두 열심해지고 사악한 마귀의 계교가 즉시 사라졌고, 이단을 버리고 올바른 길로 돌아오는 자가 헤아릴 수 없을 정도로 많았다. 또 성인이 천주의 계시를 받들어 수도회를 창립하고 그 이름을 '설교회說敎會'[14]라 하였는데, 도미니코회 수사들은 그때부터 지금까지 오로지 공덕을 닦아 고신극기苦身克己에 힘쓰며, 글을 지어 비신자를 감화시키고, 묵주 기도로 사람의 영혼을 도와 하느님을 현양하며, 교회를 영광스럽게 하였다.

성모께서 묵주 기도를 정성으로 바치는 이를 보호하심

옛날에 한 과부가 있었는데, 어려서부터 세 아들을 잘 가르쳐 '성모공과'를 배우고 익히게 하였다. "너희들은 먼저 묵주 기도 5단을

---

14 '성 도미니코회'를 말한다. 도미니코회가 설교와 교리 교육을 목적으로 하였기 때문인데, 원문에는 '강도회(講道會)'라고 되어 있다.

바치고 나서 나가 놀아라." 하고 주의를 줄 정도였다. 하루는 세 아들이 함께 공부하러 가다가 다리 위에서 발을 헛디딘 맏아들이 물에 빠져 종적이 묘연해졌다. 두 동생은 급히 집으로 돌아와 그 사실을 알렸다. 어머니는 그 말을 듣고도 태연히 성모상 앞에 꿇어 빌며 "제 자식을 이미 성모께 바쳤으니, 오늘 데려가시든지 살려 주시든지 오직 성모님 뜻에 따를 뿐입니다. 어찌 감히 어기며 원망하겠습니까?" 하고 기도하였다. 기도를 마친 후 가서 보니 맏아들은 물 위에 떠서 놀며 어머니를 부르는 것이었다. 아이를 언덕으로 끌어내어 죽지 않게 된 경위를 물으니, 아이는 "우리 집에서 공경하던 성모께서 물 위에 나타나 저를 붙드시어 잠기지 않게 하셔서 죽지 않았습니다."라고 말하였다. 이 말을 들은 사람들은 신기한 일이라며 모두 다 성모님의 은혜에 감사하고, 성모님을 공경하고 그 보호하심을 바랐다.

마침 기도 성모 성월 또는 성모 호칭 기도
　　　　　　기도문들 가운데 원하는 한두 가지 기도(24~30쪽에서 선택)
　　　　　　주님의 기도, 성모송, 영광송

The Virgin and Child(The Madonna of the Book)
Sandro Botticelli
Museo Poldi Pezzoli, Italy

21일

다윗의 망대이며 상아 탑

✦✦✦

덕행 실천 유혹을 받는 사람들에게 성모께 의탁하도록 권할 것.

기도 지향 맹렬한 유혹을 받는 사람들이 용기를 얻도록 기도합시다.

시작 기도 성호경, 성령 송가

이끔말 | 다윗은 옛날 유다의 제왕 중에 성인이었다. 일찍이 견고하고 높은 대臺를 쌓아 적국 사람들이 가까이 오지 못하게 하였기 때문에, 사람들은 그를 일컬어 '탑'이라고 하였다. 하느님께서는 성모님을 선택하시어 모든 사악한 마귀들이 성모께 복종하게 하셨으므로 마귀가 성모님의 이름을 들으면 즉시 물러갔다. 이는 하느님께서 우리를 위하여 높은 대를 쌓아 삼구三仇가 해를 입히지 못하게 하신 것이다. 그러므로 성모님을 '다윗의 망대'라 일컫는다.

  '상아'란 견고하고 결백함을 뜻하며, '탑'은 온갖 아름답고 좋은 것을 초월함을 뜻한다. 성모님은 마음이 지극히 깨끗하여 더러움이 없으시며, 뜻이 견고하여 변함이 없으시고, 전체가 정결하여 광채가 비할 데 없으시다. 그러므로 '상아 탑'이라고 일컫는 것이다.

맺음말 | 우리가 속해 있는 이 세상에는 언제, 어느 곳을 막론하고 전후좌우에 항상 영혼을 해치려는 원수가 있어 범같이 우리를 삼키고자 하니, 어떻게 하여야 그 해를 피할 수 있겠는가? 만일 정성을 다해 성모께 우리의 망대와 상아 탑이 되어 주시기를 구하면, 사악한 마귀가 물러가 우리 영혼은 자연히 보존될 것이다. 옛날부터 이미 성모께서는 우리 원수의 머리를 밟으셨기에 성모님의 보호하심을 입은 영혼은 지옥의 천만 마귀라도 그를 해칠 수 없을 것이다. 이제 성모님의 능력에 의탁하고자 한다면 마땅히 성모께 다음과 같이 기도하여야 한다. "다윗의 망대이며 상아 탑, 저희를 위하여 빌어 주소서."

응   다윗의 망대이며 상아 탑, 저희를 위하여 빌어 주소서.

✦ 성인 사적

성모께서 보호하시는 이를 마귀가 해치지 못함

600여 년 전에 착한 사람이 하나 있었는데, 모함 때문에 감옥에 갇혀 재산을 탕진하였으므로 석방된 후에도 궁핍함을 면치 못하여 근심이 매우 많았다. 그러던 중 갑자기 마귀가 나타나서 근심하는 이유를 물으며, 자기 능력으로 "그 궁핍함을 면할 수 있게 해주겠노라."고 하였다. 이 착한 사람이 그 말을 듣고 '나를 불쌍히 여겨 하는 말'이라 생각하고 매우 기뻐하였다. 기뻐하는 모습을 본 마귀가 다시 "하느님과 성모 마리아님을 배반한 다음에야 네게 가난을 면할 능력을 주겠노라."고 하였다. 이 말에 착한 사람은 놀라 당황하며 두려움에 소름이 끼쳤다. 그리고 비로소 마귀의 유혹인 줄을 깨닫고 위험함을 느껴, 자신을 원망하며 급히 성당에 나아가 꿇어 엎디어 유혹을 물리쳐 주시기를 간절히 기도하였다. 이에 성모께서 즉시 그 근심을 위로하시며 의심을 풀어 주시고, 또 그를 가난에서 구제해 주셨다. 그 착한 사람은 그 후에 선종하는 은혜도 얻었다.

마침 기도 성모 성월 또는 성모 호칭 기도
 기도문들 가운데 원하는 한두 가지 기도(24~30쪽에서 선택)
 주님의 기도, 성모송, 영광송

22일

황금 궁전이며 계약의 궤

✦✦✦

덕행 실천   정성으로 스카풀라[15]를 종신토록 지닐 것.
기도 지향   교회를 위하여 기도합시다.

시작 기도 성호경, 성령 송가

이끔말 | 황금은 오금五金 중에서 제일 귀하고 아름다운 보석이니, 황금으로 궁전을 지으면 존귀하고 지극히 빛날 것이다. 성모님 또한 온갖 선함과 아름다움의 근원이신 천주 성자께서 아홉 달을 지내신 궁전이 되시니, 그 품위의 존귀함과 영혼의 정결함과 모든 덕의 아름다움을 어떻게 말로 다 표현할 수 있겠는가? 더욱이 성모께서는 모태에

---

[15] 원문에서는 '성의(聖衣)'라 하였으나, 이는 '스카풀라(scapulare)'를 말하며, 그리스도의 십자가와 멍에를 상징(루카 9,23 ; 마태 11,29-30)한다. 처음에는 수도원에서 일할 때 입는 옷을 지칭하였는데, 훗날 제3회에 소속된 신자들도 착용하였다. 작은 스카풀라는 처음에 작은 천 조각을 끈으로 묶어 앞뒤로 목에 걸고 다닐 수 있게 만들어졌지만, 후에 신자들이 천에 수를 놓아 화려하게 장식하였다. 한쪽에는 성심 모양이, 다른 쪽에는 성모님이 그려져 있다.

계실 때부터 천주의 총애를 가득히 입으시어 모든 천사와 성인들보다 훨씬 높으시기에 성모님을 황금 궁전이라 일컫는 것이다.

또 구약 시대에 하느님께서는 돌판에 새겨 주신 십계명과 아울러 광야에 내리신 만나를 금으로 꾸민 궤 속에 감추어 보존하여 영원한 언약의 표로 삼으셨고, 또 신령한 양식의 모상을 미리 보여 주셨다. 이와 같이 천주 성자께서 강생하시어 우리에게 십계명을 지키는 은총을 주시고, 또 성체를 머무르게 하시어 우리 영혼을 생활하게 하는 양식을 주셨다. 이 구원자이신 예수께서 아홉 달 동안을 성모님 태중에 계셨으니, 우리는 성모님을 '계약의 궤'[16]라고 일컫는 것이다.

맺음말 | 구약 시대에 유다 백성들은 적국과 싸울 때면 반드시 계약의 궤를 가지고 출전하였기에 적장을 베고 기(旗)를 꺾으며 쳐부수지 못하는 성이 없었고, 그들의 우상들을 무너뜨렸다. 성모께서 우리를 보호하시어 사악한 원수의 해함을 없애시고 싸울 때마다 이기게 하시는 것이 마치 이 계약의 궤와 같으므로, 사악한 마귀의 유혹을 당할 때 항상 성모께 다음과 같이 기도하여야 한다.

"황금 궁전이며 계약의 궤, 저희를 위하여 빌어 주소서."

응 　황금 궁전이며 계약의 궤, 저희를 위하여 빌어 주소서.

---

16 고대 이스라엘 종교에서 '하느님의 현존'을 나타내던 거룩한 물건. 원래는 계약판을 담은 궤로서 법궤, 하느님의 궤, 야훼의 궤, 증거 궤라고도 한다.

✦ 성인 사적

성모님의 성의(聖衣)가 신자들을 보호함

1251년 7월 16일 시몬 스톡 성인에게 나타나 보이신 성모께서는 손에 성의를 드시고 "내 아들아, 이 성의를 받아 내게 속해 있는 표로 삼으라. 이 성의를 입는 자는 죽은 후에 반드시 영원한 불의 고통을 받지 않을 것이다."라고 이르셨다. 시몬 성인은 마침내 이로써 '스카풀라 제3회'[17]를 세우니, 교황 성 비오 5세와 클레멘스 8세와 다른 교황까지 모두 이 스카풀라 제3회를 허가하였다. 성모님을 공경하는 사람은 누구나 이 스카풀라회를 사랑하였으며, 온 세상 신자들은 기뻐 찬양하였다. 교황들도 이 스카풀라회에 속한 사람들에게 특별한 은사를 베풀었으며, 하느님께서도 스카풀라를 지닌 이에게 영적인 은혜를 베푼 바가 많으시다. 따라서 이 스카풀라회가 성모님과 성자 예수님의 마음을 얼마나 즐겁게 해드리는지 알 수 있을 것이다.

마침 기도   성모 성월 또는 성모 호칭 기도

　　　　　　 기도문들 가운데 원하는 한두 가지 기도(24~30쪽에서 선택)

　　　　　　 주님의 기도, 성모송, 영광송

---

[17] 원문에서는 '성의회(聖衣會)'라 하였는데, 시몬 스톡 성인이 평신도들의 봉헌 생활을 위해 13세기에 창설한 '스카풀라 제3회'를 말한다. 세상 속에 살면서 종교적 생활을 공동으로 형성해 가기를 열망하는 사람들이 일정한 수도회의 지도 아래 모임을 가지며, 기도와 선행으로 친밀해지는 영적인 모임이다.

23일

하늘의 문이며 샛별

✦✦✦

덕행 실천   자기 힘을 믿기보다 성모께 의탁하여 비신자를 교회로 인도할 것.

기도 지향   비신자들이 하느님을 믿도록 기도합시다.

시작 기도 성호경, 성령 송가

이끔말 | 베르나르도 성인이 성모님을 향하여 "국왕이 상을 내리는 은혜는 반드시 대궐 문을 통해 이루어지고, 하느님께서 상을 내리시는 은혜는 반드시 당신의 손을 통하여 하시니, 당신을 하늘의 문이라 일컫나이다."라고 하였다. 또 보나벤투라 성인은 성모님을 향하여 "당신을 의탁하여 주보로 삼지 아니하고 어떻게 하늘나라에 오를 수 있겠습니까? 그러므로 당신을 일컬어 하늘의 문이라 하나이다."라고 하였다.

또 어찌하여 성모님을 샛별이라 일컫는가? 『성경직해聖經直解』[18]에 따

---

[18] 포르투갈 출신의 예수회 선교사 디아즈(E. Diaz, 陽瑪諾)가 저술하여 1636년에 북경에서 처음으

르면, "성모께서 세상에 나심이 샛별과 같도다. 샛별이 나기 전에는 땅이 어두워 인간이나 사물들이 잠잠하다가, 태양이 비추어 동방이 밝아오면, 생물들이 다 일어나 만상의 것을 만든다."고 하였다. 또 성모 성탄을 찬양하면서 "복되다, 당신의 성탄이여, 참 세상의 새벽이 되었도다. 새벽은 지난밤의 마침이요, 오늘의 시작이로다. 당신께서 태어나실 때에 세상 사람이 쓴 것을 버리고 단것을 취하게 하셨으므로 어려운 것이 변하여 쉬운 것이 되었으며, 세상 근심이 다 소멸하여 다가오는 세상의 즐거움이 또 새로워지니, 실로 어두움을 버리고 참 빛을 얻음이라. 당신께서 태어나지 않은 때는 하느님 역시 내리지 아니하시어 세상이 모두 다 어둡고 사람들은 혼미하였으나, 당신이 태어나심으로써 하느님께서는 비로소 세상을 구원하실 공을 일으키시고 온 천하의 모든 사람이 구원의 은혜로움을 비로소 얻으니, 복되다, 당신의 탄생이여"라고 하였다.

맺음말 | 교회에서 성모님을 일컬어 하늘의 문이라고 하는데, 이 하늘의 문은 갖가지 진복의 문이다. 문안에는 온갖 복이 온전히 갖추어져 있으나, 이 진복을 누리고자 한다면 반드시 진복의 문을 통해 들어가야만 할 것이다. 이처럼 성모께 의탁해야 쉽게 하늘나라에 이를 수 있으므로, 성모님을 하늘의 문이라 일컫는 것이다. 또 성모님을 일컬어 샛별이라고 하는 것은 성모께서 세상에 태어나심으로써 강생하신 하느님의 구원이 비로소 이루어졌기 때문이다. 샛별이 뜨면 머지않아 태양이 나올 것을 아는 것처럼, 우리 주 예수께서도 성모님의 깨끗한 태를 스스로 신뢰하여 세상에 나셨다. 따라서 우리가 성모님을 충실히

로 간행된. 복음서의 해설을 위주로 한 한문서학서(漢文西學書).

공경하면, 이것이 하늘의 문을 향하여 진복을 구하는 것이 되니, 이로써 죽은 후에 영원한 빛을 누릴 수 있게 될 것이다.

『선생복종善生福終』[19]에 따르면, "성모님을 사랑하는 정성이 장래에 복을 누릴 증거가 된다."라고 하였고, "성모님을 사랑하는 정성은 사람의 숨 쉬는 기운과 같아 숨 쉬는 기운을 통하지 못하면 갑자기 죽게 된다."라고도 하였다. 만일 신자가 성모님을 경애하지 않으면 영원한 생명을 보존하기 어렵고, 죄인이 성모님을 경애하지 않으면 허물을 고치고 선에 나아가기가 어려울 것이다. 또 사람이 죽었다가 다시 살아나려면 반드시 기운이 먼저 돌아와야 하듯이, 죄인이 개과천선하려면 반드시 먼저 성모님을 사랑하여 그 은혜를 구해야 할 것이다. 그러므로 성모님을 향해 다음과 같이 기도하여야 한다.

"하늘의 문이며 샛별, 저희를 위하여 빌어 주소서."

응 하늘의 문이며 샛별, 저희를 위하여 빌어 주소서.

✦ 성인 사적

성모께서 아이들을 승천하게 하는 문이 되심

성모님의 총애를 입어 덕을 닦고 공을 세운 프레데리코 성인은,

---

[19] 원명은 『선생복종정로(善生福終正路)』. 신앙생활을 위한 신심서로, 이탈리아 출신의 예수회 선교사 로벨리(J.A. Lobelli, 陸安德)가 저술하여 1652년 북경에서 처음으로 간행되었다.

세상을 감화하여 성모님을 공경하고 교회 가르침을 지키게 하였다. 어느 날 한 여인이 아들을 낳았는데 갑자기 아이가 죽고 말았다. 어머니는 아이가 세례도 받지 못하고 죽은 것이 매우 슬퍼 급히 성인을 찾아가 그 사실을 알렸다. 성인은 불쌍히 여기는 마음으로 죽은 아이를 성당으로 데리고 오라고 하여 성모 대전에 두고, 간절히 기도하였다. "성모께서는 지극히 자애로우신 마음을 나타내시어 은혜로이 이 아이를 살아나도록 빌어 주소서." 성인의 기도가 끝나기도 전에 죽었던 아이가 눈을 뜨고 입과 손발을 움직이며 분명히 다시 살아나는 것이었다. 그러자 그 부모가 매우 기뻐하며 아이를 안고 일어나 성인에게 세례 주기를 청하여 원죄를 씻게 하였다. 이로부터 성모께서 성인을 총애하시는 것을 안 많은 사람들은 성인의 덕에 탄복하며 그 가르침을 받으려고 하였다.

마침 기도 성모 성월 또는 성모 호칭 기도
  기도문들 가운데 원하는 한두 가지 기도(24~30쪽에서 선택)
  주님의 기도, 성모송, 영광송

24일

병자의 나음

♦♦♦

덕행 실천   병든 사람을 돌보며 위로할 것.
기도 지향   병든 사람들을 위하여 기도합시다.

시작 기도   성호경, 성령 송가

이끔말 | 성모께서는 근심하는 이를 위안하시고 약한 이를 견고하게 하시며, 미혹에 빠진 이를 깨우치시고, 게으른 이들을 이끌어 도우신다. 또 하느님께 전구하시어 사람의 죄를 용서하시게 하여 온갖 영혼의 병을 낫게 하실 뿐만 아니라, 육신이 병든 이가 성모께 기도하면 또한 평안함을 얻게 하신다. 우리가 성당에 들어가 성모의 은혜에 감사하는 표적을 보거나 성모께서 베푸신 영적 은혜를 기록한 글들을 읽어 보면, 성모께서 눈먼 이를 보게 하시고, 다리저는 이를 걷게 하시고, 나병 환자를 깨끗하게 하시고, 죽은 이들을 부활하게 하셨다는 기적들이 많이 기록되어 있다. 그러므로 성모님을 병자의 나음이라고 일

킨는 것이다.

맺음말 | 영혼 육신의 모든 병을 사람이 다 자세히 알아 기록할 수는 없으나 『준주성범遵主聖範』에 따르면 다음과 같다. "이 세상의 날이 심히 빠르고 매우 짧거늘, 악이 차고 괴로움이 가득하여 사람이 세상에서 살아가는 것이 마치 죄의 수풀을 지나는 것과 같아 사욕에 이끌리기도 하고, 두려움에 빠지게도 되고, 근심으로 혼미스러워지며, 일순간의 쾌락에 미혹하여 마음은 헛된 영화에 흩어지고, 잘난 체함으로써 오기를 부리고, 혹은 괴로운 일 때문에 중도에서 그르치며, 혹은 유혹을 받고 바람에 따라 쓰러져 기력은 세상의 쾌락에 빠지게 되고 생각은 궁핍해지니, 이 같은 갖가지 영혼 육신의 병을 어떻게 스스로 고칠 수 있겠는가?" 성모님의 도우심을 받아야 병을 고치기 쉬우므로 성모께 다음과 같이 기도하여야 한다.

"병자의 나음, 저희를 위하여 빌어 주소서."

응 병자의 나음, 저희를 위하여 빌어 주소서.

✦ 성인 사적

성모께서 로마 지방의 전염병에서 사람들을 구하심

옛날 로마시에 홍수가 나 시냇물과 강물이 범람하고 곳곳의 언덕이 무너지고 뱀과 독벌레들이 시내에 득실대더니, 물이 빠진 후에는 전염병이 퍼져 죽는 이들이 많았다. 그때 교황 성 그레고리오가 교회를 다스리고 있었는데, 그는 마음과 힘을 다하여 사람들을 돌보고 병에 걸린 사람들을 구하려 하였으나 전염병의 기운이 너무 심하여 구할 방법이 없었다. 성인은 특별히 성모님을 사모하는 마음으로 성모상을 받들고 신자들과 함께 거리를 두루 다니며 구해 주시기를 하느님께 기도하였다. 그러자 성모상이 이르는 곳마다 독기가 사라져 연기처럼 흩어지는 것이었다. 성모상을 모시고 다리에 이르렀을 때, 갑자기 하늘에서 천사가 칼을 거두고 '부활 삼종 기도'를 노래하며 하느님의 의노가 그쳤음을 밝히 드러내는 것이었다. 이것을 보고 들은 사람들은 모두 성모님의 넓으신 은혜에 감사하며 더 열심히 공경하였다. 이 성모상은 아직도 로마 성전 가운데에 있으며, 이 밖에도 성모께서 환난에서 구하신 기적은 말로 다 할 수 없을 정도이다.

마침 기도 성모 성월 또는 성모 호칭 기도
기도문들 가운데 원하는 한두 가지 기도(24~30쪽에서 선택)
주님의 기도, 성모송, 영광송

25일

죄인의 피신처

♦♦♦

덕행 실천   죄인이 날마다 성모께 기도하기를 소망할 것.
기도 지향   죄인이 마음을 돌려 하느님께 향하도록 기도합시다.

시작 기도 성호경, 성령 송가

이끔말 | 구약 시대에 하느님께서는 유다 백성들을 불쌍히 여기시어 죄인을 용서해 주는 마을을 세우도록 명하셨는데, 살인할 의도가 없이 살인죄를 범한 자가 이 마을에 들어가 살면 죽을 죄목을 면할 수 있었다. 이처럼 하느님께서는 모든 백성을 불쌍히 여기시어 성모님으로 하여금 백성을 보호하게 하시고 그 죄벌을 면하게 하시므로, 성모님을 일컬어 죄인의 피신처라고 하는 것이다. 베르나르도 성인은 "하느님께서 상벌이 지극히 공평하심을 성모님이 알게 하심은 우리를 보호하고자 하심이다."라고 하였다. 하느님께서 비록 지극히 자애로우시며 또 지극히 공의로우실지라도, 죄인이 감히 그 엄위하심을 무서워하

면 어떻게 감히 하느님을 향하여 사하심을 구할 수 있을 것인가? 그런데 성모님은 온전히 인자하시어 죄인이 의탁할 때 두려움 없이 하느님께 가까이 나아가 구하시고 모두 다 얻어 주신다. 그러므로 모든 성인이 성모님을 찬양하여 "천주 성모께서 이미 하늘나라에 들어가 계시니 온 세상 사람의 보편된 피신처가 되신다."라고 하였다.

맺음말 | 성모께서 이렇듯 죄인의 피신처가 되시니 우리는 죄인이므로 마땅히 성모께 의탁해야 한다. 그런데 우리는 범한 죄가 크거나 작거나, 무겁거나 가볍거나 관계없이 지극히 의로우시고 지극히 공평하신 하느님 대전에서 마땅히 중한 벌을 받을 것이다. 또한 세상에 태어날 때부터 오늘에 이르기까지 털끝만 한 공덕도 없으니 성모께 의탁하지 않고 장차 어떻게 견딜 것인가? 그리하여 성인들은 한결같이 "성모께서는 죄인을 붙들어 도우실 때 이전에 공로가 있고 없음이 아니라 오직 현재의 궁핍함만을 보신다."고 하였다. 또 그레고리오 성인은 "죄인은 성모께 의탁하라."고 말하면서 "성모님의 품위와 공덕이 세상 어머니의 너그럽고 인자함을 초월하여 그 회개하는 죄인을 돌보심이 세상 어머니가 자녀를 어여삐 여기는 것보다 크니, 네가 만일 죄를 범하려는 마음을 끊고자 성모님 발아래 엎드려 지나간 죄를 통회하면 즉시 성모님의 지극히 사랑하시는 은혜를 얻을 것이다. 이 말은 매우 진실하여 의심의 여지가 없다."고 하였다. 이제 우리는 마땅히 성모께 우러러 열심으로 소망하기를 다음과 같이 기도하여야 한다.

"죄인의 피신처, 저희를 위하여 빌어 주소서."

응　　죄인의 피신처, 저희를 위하여 빌어 주소서.

✦ 성인 사적

성모께서 비르지타 성녀에게 발현하심

성모께서 비르지타 성녀에게 나타나시어 다음과 같이 말씀하셨다. "나는 개과천선하고자 하는 이들의 어머니로다. 내가 비록 하늘 높은 곳에 있으나 만일 나를 사랑하는 사람이 세상에서 기도하면 반드시 그 기도하는 바를 허락할 것이요, 그가 죽을 때에 이르러 내가 반드시 내려와 그를 맞이하여 위로하고 그를 데리고 진복을 누리는 나의 집으로 갈 것이다. 그 집은 매우 넓어서 모든 사람을 받아들일 수 있기에, 나와 함께 하늘나라의 복을 누릴 것이다."

성모 성심회를 세우게 하심

성모께서는 날마다 죄인을 깨우치시어 그 인자하심을 나타내고자 하셨는데, 어느 열심한 신부에게 회會를 하나 세워 '성모 성심회聖母聖心會'[20]라 이름 지으라고 계시하셨다. 이 회의 본 의도는 원죄 없으신 성모께서 지극히 정결하신 마음으로 방종한 사람과 냉담 중인 신자를 불쌍히 여기시어 그들의 마음을 돌려 하느님께 돌아오게 하시고 그 사랑으로 보호해 주시기를 기도하는 데에 있다. 1838년 4월 24일 그레고리오 16세 교황은 이를 성모회의 총본부로 삼도록 허락하였는데, 이 성모 성심회의 신적 은총이 전 세계의

---

[20] 1836년 12월 16일 프랑스 파리 '승리의 성모 대성당' 주임이었던 데주네트(C.-É.D. Desgenettes, 1778~1860) 신부가 설립한 신심 단체.

성심회와 일치하므로, 이 회를 세운 지 불과 20년 만에 회개한 이들의 수효를 다 기록할 수 없을 정도가 되었다.

마침 기도 성모 성월 또는 성모 호칭 기도
기도문들 가운데 원하는 한두 가지 기도(24~30쪽에서 선택)
주님의 기도, 성모송, 영광송

The Virgin of the Rosary
Bartolomé Esteban Murillo
Dulwich Picture Gallery, U.K.

26일

근심하는 이의 위안

✦✦✦

덕행 실천 비신자 아기에게 세례 주기에 힘쓸 것.
기도 지향 사목자들을 위하여 기도합시다.

시작 기도 성호경, 성령 송가

이끔말 | 세상은 온갖 환난과 근심이 있는 곳이다. 우리는 영혼에도 괴로움이 있고 육신에도 괴로움이 있으며, 드러나 있어 남들이 알 수 있는 재앙과 감추어져 있어 남들이 모르는 근심이 가장 많으니, 그 누가 이것을 피할 수 있을 것인가? 하느님께서 이를 불쌍히 여기시어 십자가에 못 박히실 때, 성모님을 세상 사람의 어머니로 삼아 우리들의 근심과 괴로움의 위안이 되게 하셨다. 성모께서는 이 직분을 받들어 예수께서 돌아가신 후 사도들의 근심을 위안하셨고, 예수께서 승천하신 후 15년 동안 이 세상에 계시면서 항상 어머니로서 사도들과 신자들을 인도하시고 훈계하셨다. 그리고 사도들은 항상 중대한 일이 있으

면 반드시 성모님과 상의하였다.

성모께서는 또 신자들의 피신처가 되시어, 세상에서는 약한 이를 깨우치시고 근심하는 이들을 위로하여 그 본분을 다하셨고, 하늘나라에서는 우리의 지극한 고통을 밝히 아시어 더욱 불쌍히 여기는 어머니가 되셨다. 온갖 신적 은혜가 다 하느님께로부터 내리지만, 하느님께서는 반드시 성모의 전구하심을 통하여 내려 주시기 때문에, 한 현자는 다음과 같이 말하였다. "성모께서 어느 곳에 계신지 묻지 말라. 환난이 있을 때면 성모께서 그 가운데서 도와주시니, 성모께서 근심과 괴로움을 받는 이를 구하신 영적인 기적은 글로 다 기록하지 못할 것이다." 또 어느 성인은 다음과 같이 말하였다. "성모께서는 항상 세상 사람을 품어 생각하시고 항상 세상 사람을 위하여 간구하신다." 그러므로 성모님을 일컬어 근심하는 이와 괴로운 이의 위안이 되신다고 하는 것이다.

맺음말 | 어떤 사람이 다음과 같이 물었다. "성모께 우러러 무엇을 바라야 나의 근심과 괴로움을 위로받을 수 있을까요?" 베르나르도 성인은 다음과 같이 대답하였다. "사람이 세상 바다에서 사나운 바람을 만나 얕은 바닥에 걸려 파선하는 환난을 피하고자 한다면, 마땅히 별을 우러러 성모님의 거룩한 이름을 부를 것이요, 유혹의 미친 바람이 높이 일어나거나 괴로움을 당하여 위험한 돌에 걸리거든 별을 우러러 성모님의 거룩한 이름을 부를 것이요, 교만과 탐욕과 온갖 훼방과 질투의 물결이 우리 마음을 요동하거든 별을 우러러 성모님을 부를 것이요, 분노와 인색과 음욕의 온갖 사욕이 우리 마음의 가벼운 배를 흔들거든 별을 우러러 성모님을 부를 것이다. 우리가 죄의 무거움을 보면 혼란스럽고 마음의 더러움을 알면 부끄럽고 심판의 엄함을 생각하면

두려워지는 것이니, 혹 근심하는 바다를 밟으며 실망의 늪에 빠지거든 속히 성모님의 거룩한 이름을 불러야 한다. 이렇듯이 위험과 환난과 의혹을 만나거든 성모님의 거룩한 이름을 그치지 말고 부르며 마음에서 잊지 말아야 그 도우심을 얻을 것이요, 성모님을 따라갈 때 길을 잃지 않을 것이요, 성모께 구하면 소망을 잃지 않을 것이요, 성모님을 생각하면 절대로 그르치지 않을 것이요, 성모께서 너를 붙들어 도우시면 죄에 떨어지지 않을 것이요, 성모께서 너를 보호하시고 구해 주시면 결코 두렵지 않을 것이요, 성모께서 너를 인도하시면 괴로움에 지치지 아니하여 영원한 행복에 쉽게 이르리라." 그러므로 간절히 사랑하는 마음으로 성모님을 향해 다음과 같이 기도하여야 한다.

"근심하는 이의 위안, 저희를 위하여 빌어 주소서."

응 　근심하는 이의 위안, 저희를 위하여 빌어 주소서.

◆ 성인 사적

빈첸시오 아 바오로 성인이 수도회를 창설함

빈첸시오 아 바오로 성인은 프랑스의 농사짓는 가정에서 태어나 어린 시절 양을 치며 보냈다. 양 치는 곳 가까이에 성당이 있어 기회 있을 때마다 자주 성당에 가 열심으로 성모님을 공경하고, 하느님과 이웃을 사랑하는 마음으로 비록 자기 자신도 궁핍하나 가난한 사람을 만나면 반드시 가르침을 베풀어 구제하였다. 훗날 신부가 되어서도 지위가 높아질수록 더욱 덕이 높고 더욱 공이 많아졌다. 어느 날 일이 있어 바다를 건너던 중 이슬람 국가 사람들에게 사로잡혀, 배교한 사람의 집에 팔려 가게 되었다. 집주인은 성인을 핍박하며 배교하라고 하였으나, 성인은 따르지 않았을 뿐만 아니라 도리어 충성과 선량함과 겸손한 덕의 표양으로 교회에 돌아오도록 권하였다. 그리고 그 집에서 여러 번 성모께 자신의 근심과 괴로움을 위로하여 주시기를 구하고, 성모송을 크게 외워 특별히 그 집안사람들도 듣게 하였다. 이에 주인의 아내가 그 기도문 외우는 소리를 듣고 매우 기뻐하며 성인의 신앙을 귀중히 여기고 자기 남편의 배교를 비난하였다. 오래지 않아 집주인은 지난날의 잘못을 통회하고 개심改心하기로 결심하였으며, 열심으로 주님을 섬기다가 후에 성인과 함께 프랑스로 돌아왔다. 또한 성인은 시골로 다니며 교리를 강론하여 가르치고 성모님의 전구하심에 의탁하여 개과천선할 것을 권하여 많은 사람을 귀화시켰다.

훗날 성인은 모든 사람의 뜻을 따라 선교 수도회를 세웠는데,[21] 성인은 회원들에게 성모님을 간절히 공경하는 데 힘쓰도록 권고하고, 다른 신자들에게도 또한 이같이 권하였다. 성인은 자신이 해야 할 일이 비록 많고 중요했지만, 성당에서 조배 드리며 끊임없이 성모께서 보호해 주시기를 구하였다. 그가 세운 선교회의 회원들은 여러 곳에서 교리를 강론하고 사람들을 감화시켜 공을 닦고 덕을 세우니, 하느님께서는 강복하시어 많은 신자와 외교인들이

---

21 빈첸시오 아 바오로 성인이 세운 수도회는 '빈첸시오회'와 '라자로회'로 알려져 있다.

개과천선하게 하셨다. 성인은 또 '애덕회愛德會'[22]를 세워 병든 이를 고쳐 주고, 감옥에 갇힌 이를 돌봐 주며, 어린이를 가르치고, 부모 없는 어린이를 거두어 기르게 하며, 성모님을 경애하고 성모의 도우심으로 자기 본분을 충실히 이행할 수 있도록 청하게 하였다. 성인은 나이 95세에 공덕이 가득 차 세상을 떠나 하늘나라에 올랐다.

마침 기도 성모 성월 또는 성모 호칭 기도
  기도문들 가운데 원하는 한두 가지 기도(24~30쪽에서 선택)
  주님의 기도, 성모송, 영광송

---

22 원문에서는 '인애정녀회(仁愛貞女會)'라고 하였다.

27일

신자들의 도움

✦✦✦

덕행 실천   가난한 이들을 힘껏 구제할 것.
기도 지향   신자들을 위하여 기도합시다.

시작 기도 성호경, 성령 송가

이끔말 | 성모께서는 신자들의 주보가 되시니 교회에 나오는 이들 가운데 성모님의 보호하심을 받지 아니하는 사람이 없다. 베르나르도 성인은 "성모께서는 항상 자비로운 품을 열어 세상 사람들을 안으시어, 사로잡힌 사람이 해방되기를 구하면 즉시 속량贖良[23]되게 하시고, 유혹을 만난 사람이 그 유혹을 물리치기를 구하면 즉시 물리칠 수 있게 하시고, 착한 사람들이 선善으로 나아가기를 구하면 즉시 나아가게

---

[23] 본래의 뜻은 '몸값을 치르고 사서 해방시키다' 또는 '자유롭게 하다'이지만, 그리스도교에서는 예수 그리스도가 자신의 목숨을 내어놓고 죽으심으로써 원죄로 인해 죄의 노예 상태인 인간을 구원한 사실을 의미한다.

하시고, 죄인이 개과천선하기를 구하면 즉시 바르게 고쳐지도록 하시고, 병든 이가 낫기를 구하면 즉시 낫게 하시고, 연약한 사람이 도움을 구하면 즉시 강해지게 하시고, 근심하는 사람이 위로를 구하면 즉시 평화를 주신다. 그러므로 성모님을 칭송하여 말하길 신자들의 도움이라고 한다."라고 말하였다.

맺음말 | 성모님은 우리의 주보이시니 우리는 마땅히 성모의 보호하심을 바랄 것이다. 그런데 성모께 어떻게 바랄 것인가?『선생복종』에는 "어린 자식이 어머니에게 바라는 것처럼 하라."고 하였다. 어린아이가 추우면 어머니에게 옷을 입혀 주기를 바라듯이 우리도 영혼이 추우면 성모님의 사랑하는 불로 덥게 해주시기를 바랄 것이요, 어린아이가 배고프면 젖 먹여 주기를 바라듯이 우리 영혼도 고통으로 지치면 성모님의 은혜로 건강하게 해주시기를 바랄 것이요, 어린아이가 몸이 더러우면 깨끗하게 씻겨 주기를 바라듯이 우리도 죄의 더러움이 있으면 성모님의 전구하심으로 사함을 받아 깨끗하게 되기를 바랄 것이요, 어린아이가 길을 잃으면 어머니를 부르듯이 우리도 하늘나라의 길을 잃으면 성모님의 인도하심을 구할 것이요, 어린아이가 흉악한 물건을 보면 놀라 어머니에게 안아 주기를 바라듯이 우리도 사악한 마귀의 계략으로 지옥에 빠질 위험을 당하면 성모께 매달려 건져 주시기를 구할 것이요, 어린아이가 병에 걸려 아프면 어머니를 자주 찾듯이 우리도 큰 죄로 영혼의 생명이 되는 은총을 잃으면 성모님의 전구하심으로 생명을 회복시켜 주시기를 간절히 구할 것이다. 그러므로 성모님을 향해 다음과 같이 기도하여야 한다.

"신자들의 도움, 저희를 위하여 빌어 주소서."

| 응 | 신자들의 도움, 저희를 위하여 빌어 주소서.

✦ 성인 사적

성모께서 계시던 집이 신자들을 보호하심

옛날부터 지금까지 교회에서 어려움을 만났을 때 성모께 기도하여 그 도우심을 얻지 못한 적이 없었고, 신자들은 성모님의 도우심에 의지하여 사나운 원수 가운데서 구원을 얻었다. 또 교황들은 매번 성모님의 보호하심을 입었으므로 성모님을 기념하는 축일을 제정하여 특별히 은총을 받도록 하였다. 특히 교황 비오 7세는 성모 성월 중 제24일을 성모님을 공경하는 축일로 삼아 신자들의 도움이 되심을 기념하라고 하였다. 또 성모께서 승천하신 후에 사도들은 모두 '나자렛 마을에 있는 성모님의 집은 천사가 와서 보호하고 하느님께서 강생하시어 30년을 사신 곳이니, 마땅히 우러러 공경해야 할 것이다'라고 생각하여 처음부터 성전으로 삼아 성모상을 모시고 미사성제를 드려 공경하였다. 그리하여 신자들은 항상 축일이면 그 성당에 와서 공경하고 열애하였으며, 성모께 복을 내리고 화를 면해 주실 것을 바랐다.

그러다가 점차 냉담한 신자들이 이를 가벼이 여겨 공경하지 않고, 성모님의 크신 은혜를 저버리고 하느님께 잘못을 저질러 죄를 짓는 자가 많아졌다. 이리하여 하느님께서 벌을 내리시어 강도들로 하여금 이 지방을 해치게 하시려 할 때, 성모께서는 미리 천사를 보내시어 그 성전을 받들어 공중에 떠가기를, 마치 큰 배가 순풍을 만나 바다를 항해하는 것처럼, 안정되게 달마티아Dalmatia[24] 가운데 내려놓으시니, 이웃 나라 사람들이 이를 듣고 신기하게 여겨 성모님의 은혜에 감격하는 마음으로 조배하여 큰 이익을 얻었다. 그러나 4년이 못 가서 이 나라 백성들도 성전을 다시 가벼이 여겨 독설하는 이가 있으므로 성모께서는 또 성전을 옮겨 이탈리아 어느 지방에 있는 두 형제의 밭 가운데 두셨다. 그러나 오가며 조배하는 사람이 많아 이익이 날로 많아지게 되자, 탐하는 마음이 생긴 두 형제가 이를 빼앗고자 하여 서로에게 상처를 입혔다. 그리하여 성전이 다시 로레토Loreto 지방으로 옮겨져 머물러 있으니 벌써 4번이나 옮겨진 것이다. 옮긴 곳마다 성전이 베푼 기적이 매우 많으므로 조배하여 경배하는 자가 헤아릴 수 없이 많았다. 구하는 바가 있는 사람들 가운데 그 뜻을 이루지 못한 이가 없으니, 갖가지 병과 환난과 재앙에 관계없이 한 번 성모의 성당에 나아가 구하면 즉시 다 없어지는 것이었다. 귀먹은 이가 듣고 눈먼 이가 보고 다리저는 이가 서고 말못하는 이가 말하는 그런 기적들도 다 성전의 은혜였다.

마침 기도 성모 성월 또는 성모 호칭 기도

기도문들 가운데 원하는 한두 가지 기도(24~30쪽에서 선택)

주님의 기도, 성모송, 영광송

---

[24] 크로아티아공화국의 아드리아해에 면해 있는 길이 약 460km의 길고 좁은 해안 지방.

28일

천사의 모후이며 성조의 모후이며 예언자의 모후이며 사도의 모후

✦✦✦

덕행 실천 하느님께 향하는 마음을 분발하여 무슨 일을 하든지 덕으로 행할 것.

기도 지향 외면만 보고 내면을 닦지 않으며 하느님을 잊어버린 사람들을 위하여 기도합시다.

시작 기도 성호경, 성령 송가

이끔말 | 천사의 덕은 정결과 순명 두 가지이다. 그런데 성모님의 정결하심은 구품 천사보다 초월하시고, 순명하심은 하느님의 뜻에 따를 뿐만 아니라 또한 요셉의 명도 따르셨다. 또한 성조들은 항상 하느님께 의지하여 바라는 마음을 두었다. 그런데 성모께서는 항상 하느님을 우러러 바라는 마음을 두시어 하느님께서 허락하신 구세주를 바라심이 마치 어린 아기가 어머니를 바라고, 큰 가뭄에 비를 바라는 것과 같으셨다. 또 예수께서 수난하신 후에 사도들이 모두 환난을 두려워하여 흔들리며 낙심하였으나, 성모께서는 홀로 성자께서 하신 말씀에 의

지하여 부활하심을 굳게 믿으셨다. 또 예언자는 하느님께서 장차 강생 수난하시어 만민을 구원하실 것을 확실히 믿었으나, 성모께서는 천사의 알림을 들으셨을 때 단번에 충실히 믿어 순명하셨다.

또한 하느님께서 강생하시어 인성人性으로써 온갖 고통을 겪으시고 십자가 위에 못 박혀 돌아가시자 사도들이 다 놀라고 의심하였으나, 성모께서는 조금도 두려워하지 않으시고 확연히 믿으셨다. 또 사도들은 예수께서 승천하신 후에야 열심으로 주님을 사랑하여 사람의 영혼을 구하려 하였으나, 성모께서는 하느님을 사랑하심이 항상 지극하시고 거룩하셨으며, 모든 동정녀를 가르치시고 제자들에게 항상 예수께서 말씀하신 바와 행하신 바에 비추어 권면하셨으며, 영혼과 육신의 힘을 아끼지 말고 온 세상에 선교하게 하셨다. 성모님의 신·망·애 삼덕信望愛 三德과 정결·순명의 모든 덕은 천사들과 성인들보다 초월하시어 비할 데가 없으므로, 성모님을 일컬어 모든 천사와 모든 성조와 모든 예언자와 모든 사도의 모후라고 하는 것이다.

맺음말 | 우리는 신덕이 매우 약하고 망덕도 매우 약하여 세상의 재물과 쾌락만 도모하니 마치 천상 복락을 모르는 자와 같다. 또 하느님께 영광을 드리며 사람의 영혼 구하기에 힘쓰지 아니하여 조그만 괴로움도 받기 어려워하니 무슨 애덕이 있다고 하겠는가? 그러므로 성모께 신·망·애 삼덕과 정결·순명의 모든 덕을 우리 마음에 부어 주시기를 간절히 구하여야 할 것이니, 성모님을 향해 다음과 같이 기도하여야 한다.

"천사의 모후이며 성조의 모후이며 예언자의 모후이며 사도의 모후, 저희를 위하여 빌어 주소서."

| 응 | 천사의 모후이며 성조의 모후이며 예언자의 모후이며 사도의 모후, 저희를 위하여 빌어 주소서.

✦ 성인 사적

신덕이 견고한 사람은 반드시 성모께서 보호하심

옛날 그리스에 이단자의 아들이 있었다. 그는 성당에 가 항상 신부의 강론을 듣고 날마다 바른말과 바른 행실을 익히고 기도를 배웠는데, 하루는 그의 아버지가 아들에게 "무엇을 익혔고 무슨 글을 읽었느냐?"고 물었다. 아들은 "하느님을 흠숭하고 성모 공경하기를 배웠습니다." 하고 대답하였다. 아버지가 크게 노하여 아들을 유리 굽는 아궁이에 던져 태우려 하자, 아들은 조금도 두려워하지 않고 태연히 불에 들어가 오직 익혔던 기도문을 외워 성모께 기도하였다. 그러자 성모께서 즉시 보배로운 옷으로 그를 덮어 조금도 상하지 않게 하셨다. 그때 그의 어머니가 밖에 나갔다가 집에 돌아와서 아들을 찾았다. 아궁이에서 대답하는 아들을 본 어머니는 놀라 급히 아들을 불러내어 무사한 것을 보고는 그 까닭을 물었다. 아들은 "성모께서 보호해 주셨기 때문에 무사할 수 있었습니다." 하고 대답하였다. 어머니는 성모님의 은혜에 감사하여 그 후 이단을 버리고 올바른 길로 돌아왔다. 이 일이 나라에 알려지자 아버지는 붙잡혀 가 불에 던져졌다. 이리하여 악한 아버지는 혹독한 마음으로 제 자식을 불에 태워 죽이려 하다가 도리어 자기가 불 가운데서 죽게 되었다.

마침 기도 성모 성월 또는 성모 호칭 기도

기도문들 가운데 원하는 한두 가지 기도(24~30쪽에서 선택)

주님의 기도, 성모송, 영광송

29일

순교자의 모후

✦✦✦

덕행 실천　오롯한 마음으로 고난을 인내할 것.
기도 지향　성모의 7가지 고통에 대해 묵상합시다.

시작 기도　성호경, 성령 송가

이끔말 |　성모께서는 평생 주님을 위하고 의義를 위하여 많은 고초를 받으셨는데, 이를 글로 다 기록할 수는 없을 것이다. 성 시메온은 아기 예수를 가리키며 성모님을 향하여 "당신의 영혼이 칼에 꿰찔릴 것입니다"(루카 2,35)라고 하였다. 이는 성모께서 일생에 받으실 고통이 1만 개의 칼로 마음을 찌르는 것보다 더하다는 것을 미리 알려 준 것이다. 성모께서는 세상에 계시면서 하느님을 지극히 사랑하셨고, 또 세상 사람의 죄악이 극도로 무거워 하느님의 마음을 크게 상해 드리는 것을 아셨고, 우리 주 예수께서 받으신 능욕과 고난이 세상 사람의 죄 때문임을 알고 계셨으니 그 고통이 얼마나 심하셨겠는가? 지극히 사랑하시는 성자 예수께서 십자가 위에 못 박혀 참혹하게 죽으심이 강도들

과 다름이 없음을 성모께서 친히 보시고 또 얼마나 고통을 당하셨겠는가? 진실로 1만 개의 칼이 성모님의 마음을 찌르는 것과 같으셨을 것이다. 이러한 고통을 당하면 결코 살지 못하련만 성모께서 죽지 않으신 것은 하느님께서 특별히 보호하셨기 때문이다.

예로니모 성인은 다음과 같이 말하였다. "성모님의 통고로 말할 것 같으면, 모든 순교자의 괴로움도 이에 미치지 못할 것이다. 순교자의 괴로움은 외적인 괴로움이요, 성모님의 괴로움은 내적이며 영혼의 괴로움이다. 또한 성모께서는 세상 사람을 지극히 사랑하시어 우리가 죄를 짓고 지옥에 떨어지는 것을 항상 불쌍히 여기시니 그 괴로움은 어떠하실까?" 그러므로 성모님을 일컬어 모든 순교자의 모후라고 하는 것이다.

맺음말 | 우리가 세상에서 어찌 하루라도 괴롭지 아니하며 어찌 한시라도 어려움 가운데 있지 아니하겠는가? 미루어 생각하건대 우리 주 예수와 성모 마리아께서도 세상에 계실 때에 온갖 고난을 받으신 후에야 온갖 복을 얻어 누리셨으니, 하느님께서 이 고난을 받으신 것은 우리로 하여금 공을 세우게 하심이요, 우리가 죄에 단련되게 하심인 줄을 알 수 있을 것이다. 이렇게 예수께서는 원래 죄가 없으시나 우리를 죄에서 구원하시기 위하여 기꺼이 온갖 고난을 받으셨으니, 우리 중죄인들이 우리 주 예수의 공로를 보답하며 성모님의 은혜를 경애하고자 한다면 어찌 고난을 받지 않을 수 있겠는가? 바오로 사도는 "대죄를 범한 모든 사람은 우리 주 예수님을 십자가에 다시 못 박는 것과 같다."라고 하였다. 대죄를 범하는 자는 진실로 새롭게 갖가지 고통의 칼로 성모님의 마음을 찔러 통고의 어머니가 되시게 하는 것이다. 그러

므로 우리는 성모님 대전에 엎디어 지은 죄를 통회하고 개심改心할 것을 결심하며 은총을 구하여 다음과 같이 기도하여야 한다.

"순교자의 모후, 저희를 위하여 빌어 주소서."

응 순교자의 모후, 저희를 위하여 빌어 주소서.

✦ 성인 사적

성모의 칠고七苦를 애련히 여김

어느 날 성모께서 루갈다 성녀에게 나타나 보이셨는데, 그 거룩하신 얼굴이 크게 근심하시는 모양이었다. 성녀가 그 이유를 묻자 성모께서는 다음과 같이 대답하셨다. "내 마음에 괴로움이 심한 것은 신자 중에 내 아들 예수를 다시 십자가에 못 박는 자가 많기 때문이다." 이는 대죄를 범하는 사람이 많음을 이르신 것이다. 또 한 사람이 있었는데, 대죄를 범하고서도 죄를 뉘우치지 않고 성모님을 향하여 기도문을 외우며 "청컨대 성모님은 발현하시어 저의 어머니가 되소서." 하는 것이었다. 성모께서는 그를 꾸짖으시며 다음과 같이 말씀하셨다. "내가 발현하여 너의 어머니가 되기를 청하면서 너는 어찌하여 나의 효자 되는 본분을 지키지 않고, 도리어 날마다 죄를 범하여 내 아들 예수를 십자가에 못 박고 아울러 나를 근심하게 하여 다시 통고의 어머니가 되게 하느냐?" 여기에서 알 수 있듯이 우리가 진실로 성모님의 통고를 애련히 여기고자 한다면 죄를 범하지 않도록 힘써야 할 것이다.

성모 칠고[25]를 주보로 하는 수도회를 창설함

1233년 성모 승천 대축일에 신자들이 기도문을 외우고 있을 때, 성모께서는 일곱 사람에게 나타나 보이시고 "너희들이 오로지 주님을 섬기고 나를 공경하는 데 힘쓰니, 수도회를 세우라." 하고 말씀하셨다. 일곱 사람은 세속을 버리고 집을 떠나 함께 산속으로 들어가 두어 칸 집에서 살면서 열심히 성모님을 경배하였다. 주님 수난 주일에 이르러 성모께서 다시 나타나 보이셨는데, 거룩하신 몸에 푸른 옷을 입으시고 천사들 가운데 계시며, 손에는 푸른 옷 일곱 벌과 책 한 권, 그리고 예수께서 고난받으시던 채찍과 가시관과 십자가와 그 밖의 모든 형구를 들고 계셨다. 성모께서는 이를 일곱 사람에게 주시며 다음과 같이 말씀하셨다. "예수께서 승천하신 후에 내가 항상 이 푸른 옷을 입었으니 너희들도 마땅히 이와 같이 입어 영혼의 정결함에 힘쓰고, 또 예수께서 수난당하신 형구들을 보며 날마다 예수님의 수난을 생각하고, 나의 통고를 깨닫고 동참하여라." 일곱 사람이 성모의 분부를 받들어 행하니 이것이 '성모 칠고회'의 시작이었다.

---

[25] 성모 마리아가 겪은 7개의 고통을 말하는데, ① 시메온의 예언(루카 2,35), ② 이집트로의 피난(마태 2,13-18), ③ 예수를 성전에서 잃음(루카 2,41-50), ④ 예수 십자가를 짊(루카 23,26-32), ⑤ 예수 십자가에서 죽음(루카 23,44-46), ⑥ 예수를 십자가에서 내림(루카 23,53), ⑦ 예수 무덤에 묻힘(루카 23,53)이다.

마침 기도 성모 성월 또는 성모 호칭 기도

기도문들 가운데 원하는 한두 가지 기도(24~30쪽에서 선택)

주님의 기도, 성모송, 영광송

30일

증거자의 모후이며 동정들의 모후이며 모든 성인의 모후

✦✦✦

덕행 실천   자녀를 올바로 가르칠 것.

기도 지향   자녀를 올바로 가르치지 않는 사람들을 위하여 기도합시다.

시작 기도   성호경, 성령 송가

이끔말 | 성모께서 세상에 계실 때, 그 열애와 지혜와 겸손과 인애와 의덕이 모든 수도자들보다 뛰어나시고, 종신토록 정결하시어 동정의 빛남과 공덕의 아름다움은 그 어떤 성인에 비할 바가 아니었다. 또한 하늘나라에서는 그 영복과 권위가 모든 천사와 성인들을 초월하신다. 성모께서는 주님을 증거하여 밝히는 자와 동정을 지키는 자와 모든 성인의 주보가 되신다. 따라서 모든 성인 성녀들은 세상에 있을 때 성모님을 본받아 따르며 찬미하고 기도하다가, 후에 영원한 생명에 이르러서는 더욱 성모님을 찬양하여 성모님이 하느님께 전구하시어 세상 사람들에게 은혜를 내리시도록 하였다. 그러므로 성모님을 일컬어

증거자와 동정녀들과 모든 성인의 모후라고 하는 것이다.

맺음말 | 성모께서는 모든 성인 성녀의 모후이시다. 성인 성녀들은 이 세상에 있을 때 자기 지위에 맞게 덕행을 닦아 성모님의 마음을 기쁘게 해드렸으니, 우리도 성인 성녀들을 본받아 각각 직분을 다하여 성모님의 마음을 즐겁게 해드려야 한다. 이렇게 함으로써 우리는 성모님의 보호하심을 얻을 수 있다. 그러므로 성모님을 향해 다음과 같이 기도하여야 한다.

"증거자의 모후이며 동정녀들의 모후이며 모든 성인의 모후, 저희를 위하여 빌어 주소서."

응　증거자의 모후이며 동정들의 모후이며
　　모든 성인의 모후, 저희를 위하여 빌어 주소서.

✦ 성인 사적

프란치스코 보르지아 성인이 성모께서 예수께 훈계하심을 본받아 진심으로 자녀를 가르침

대개 자녀들이 승천하는 대사를 얻는 것은 대부분 그 부모에게 달려 있다. 만일 부모가 자녀를 보살펴 선을 행하고 악을 피하도록 하지 않고, 교회의 교리를 가르치지 않는다면, 비록 다른 죄가 없을지라도 지옥에 가는 것을 면하기 어려우니 삼가고 삼가야 할 것이다. 프란치스코 보르지아 성인은 스페인 귀족 집안의 아들이었다. 그의 부모는 모두 어질고 지혜로운 사람이어서 성인이 어렸을 때부터 보고 들은 바가 다 어진 말과 어진 행실뿐이었다. 그래서 5살에 기도문을 외우고 예수님을 공경하며 성모께 기도할 줄도 알았다. 10살 때 어머니가 죽자 매우 애통해한 그는, 17살에 귀족 가문의 딸과 혼인하였으나 25살에 우연히 병에 걸려 열이 불같았는데, 하루는 탄식하며 이렇게 말하였다. "이는 내가 연옥을 잊어버리지 않게 하기 위한 것이다." 이후부터 성인은 연옥 영혼들을 위하여 더 많이 기도하였으며, 오래지 않아 회복되어 국왕의 은혜로 벼슬까지 얻게 되었다. 그러나 그 후에도 성인은 하느님과 성모님을 더욱 사랑하여 매일 묵주 기도 15단을 바치고 8시간 동안 묵상하였으며, 주일이면 반드시 성체를 영하였다. 36살에 이르러 부인을 잃자 다섯 아들과 세 딸을 진심으로 가르치고 훈계하여, 마치 아들이 어머니를 사랑하는 것처럼 하느님을 받들어 섬기고 성모님을 우러러 사랑하게 하였으며, 죄를 범하지 않고 교회 가르침을 지키게 하였다. 이같이 오랫동안 자녀를 가르치다가, 성인은 갑자기 세상을 버리고 수도할 생각이 간절하여 예수회에 입회하고자 하였다. 그러나 이냐시오 성인의 교훈을 따라 두어 해 동안 집에 있으면서 자녀들의 사정을 잘 안배한 후, 로마로 가서 수도회에 입회하게 되었다. 떠날 때 성인은 자녀들에게 다음과 같이 일렀다. "나는 다시 집에 돌아오지 않을 것이니, 너희들이 마음을 다하여 이 지방 사람들을 다스리되, 가장 중요한 것은 하느님을 항상 마음에 품고 선을 행하며 악을 피하는 것이다. 형은 동생을 사랑하고 동생은 형을 공경해야 함을 명심하여라. 이것은 너희들이 앞으로 영광을 받을 수 있는 본분이다. 세상의 지위가 높을수록 하느님의 심판이 더욱 엄할 것이다. 세상 재물은 쉽게 썩는 것이니 죽은 후에는 가난한 사람이나 부자나 다름이 없느니라." 성인은 자녀들을 강복한 후 떠나갔다. 성인은 수도원에 입회한 날부터 날마다 선에 나아가고 공을 세워 덕이 가득 차더니 마침내 세상을 떠나 하늘나라에 올랐다.

마침 기도 성모 성월 또는 성모 호칭 기도

기도문들 가운데 원하는 한두 가지 기도(24~30쪽에서 선택)

주님의 기도, 성모송, 영광송

31일

원죄 없이 잉태되신 모후

✦✦✦

덕행 실천 날마다 성모님을 향하는 애정을 더할 것.
기도 지향 임종하는 이를 위하여 기도합시다.

시작 기도 성호경, 성령 송가

이끔말 | 성모께서 원죄에 물듦이 없이 잉태되셨음은 교회의 믿을 교리이다. 아담은 하느님의 명을 배반함으로써 그 영혼과 육신이 모두 죄의 해害를 입었다. 이 죄는 후대 자손에게 전해져 부모가 비록 성인이라 하더라도 인간의 방법으로 자녀를 낳게 되면, 잉태하여 그 영혼과 육신이 결합할 때 원조의 죄에 물들게 된다. 이것이 이른바 원죄이다. 그러나 성모님은 잉태되실 때 하느님께서 특별히 총애를 베푸시어 온전히 원죄에 물들지 않게 하셨으니, 이는 성모님의 몸이 장차 하느님의 궁전이 되실 것이기 때문이요, 만일 조금이라도 원죄에 물듦이 있으면 반드시 성자의 몸에까지 미칠 것이기 때문이다. 그러므로 원죄는 성모님과 조금도 관련이 없고, 또 만일 성모께서 원죄에 물들었다

고 한다면 이는 마귀가 속인 것이다. 가령 악한 마귀가 천주 예수를 향하여 "마리아가 네 어머니가 되기 전에 일찍이 나의 종이 되었다."고 한다면, 이 어찌 하느님의 높은 지위를 더럽히고 욕되게 함이 아니겠는가? 이 때문에 성모께서는 원죄가 없으신 것이다.

1854년 10월 8일 교황 비오 9세는 전 세계 모든 주교들의 간청을 허락하여 성모께서 원죄에 물들지 않으신 신비로운 은혜가 반드시 믿을 교리임을 결정하였으니, 온 세상 신자들은 굳은 마음으로 이를 진실로 믿어 기뻐하고 애모하며 용약하여 공경해야 한다.

맺음말 | 성모 마리아님을 공경하는 성월이 끝날지라도 마땅히 성모님 대전에서 우리는, 우리 마음과 우리 친지의 마음을 한데 모아 원죄 없으신 성모님의 마음을 받들어 드리고, 공경하는 마음을 게을리하지 말고, 성모께 기도드리는 것을 하루라도 중단하지 말아야 한다. 자애로우신 성모께서는 이 성월 안에 우리에게 영적인 선물을 내려 주시는 은혜가 많을 것이다. 만일 우리가 어떤 병을 고쳤거나 선으로 나아갈 원의를 발하였다면, 이는 성모님을 공경하는 성월의 효험 때문이다. 온전한 마음으로 이 은혜를 잘 쓰는 사람은 성모께서 베푸시는 총애를 얻을 것이니, 우리는 성모님을 어머니로 삼을 것이요, 항상 성모께 효자의 본분을 다하여야 할 것이다. 환난을 만날 때마다 성모께 의지하고 기도드리는 것을 절대 중단하지 말고, 임종 때에 이르러 더욱 예수께 기도하고 성모님을 부르는 것을 그치지 아니하면 영원히 평안한 곳을 얻을 것이다. 그러므로 성모님을 찬양하여 다음과 같이 기도하여야 한다.

"원죄 없이 잉태되신 모후, 저희를 위하여 빌어 주소서."

| 응 | 원죄 없이 잉태되신 모후, 저희를 위하여 빌어 주소서.

◆ 성인 사적

어린아이가 항상 성모님을 찬송함으로써 선종하게 됨

옛날에 한 아이가 있었는데 나이가 11살이었다. 그의 어머니는 그에게 다음과 같이 가르쳤다. "매일 일하기 전에 성모께 먼저 경배드리고, 도우심을 구하면 큰 이익이 있을 것이요. 성모님의 마음을 즐겁게 하여 그 보호하심을 얻을 것이다." 아이는 어머니의 말씀에 따라 온갖 행동거지에 있어서 성모님을 찬양하였는데, 음식을 먹기 전이나 밖에 나가 놀기 전이나 독서하기 전이나 잠들기 전이나 항상 '성모송'을 외웠다. 후에 이 아이가 임종할 때 성모께서 나타나 보이시어 다음과 같이 말씀하셨다. "네가 항상 인자하신 어머니라 일컬은 자가 나로다." 아이는 이 말을 듣고 기뻐하며 평안히 세상을 떠나 하늘나라에 올랐다. 성모님을 열애한 것에 대한 갚음을 얻은 것이다.

옛날부터 교회의 모든 기록을 되돌아보면, 이단자는 올바른 길을 버리고 그릇된 길을 따라 항상 성모님을 공경하지 아니하고 도리어 방해하였다. 반면에 성인들은 덕을 닦고 공을 세워 항상 성모님을 열애하며 섬겼다. 그러므로 만일 구원받기를 원한다면, 어느 표양을 본받아야 할까? 성인들처럼 성모님을 열절히 공경해야 하지 않겠는가?

마침 기도 성모 성월 또는 성모 호칭 기도
　　　　　　기도문들 가운데 원하는 한두 가지 기도(24~30쪽에서 선택)
　　　　　　주님의 기도, 성모송, 영광송

성모 마리아의 칠고(七苦)
① 예수님이 장차 괴로움을 당하리라는 시메온의 예언을 들었을 때
② 헤로데가 아기 예수님을 죽이려는 간교를 피해 이집트로 피신할 때
③ 예루살렘 성전에서 잃어버린 아기 예수님을 찾아 헤맸을 때
④ 무거운 십자가를 지고 끌려가시는 예수님을 만났을 때
⑤ 예수님이 십자가에 못 박혀 숨을 거두시는 모습을 지켜보았을 때
⑥ 예수님의 시신을 십자가에서 내렸을 때
⑦ 예수님이 바위를 깎아 만든 무덤에 묻히셨을 때

성모 마리아의 칠락(七樂)
① 천사의 아룀으로 예수님을 잉태하리라는 계시를 받았을 때
② 성령을 가득히 받은 엘리사벳을 방문하였을 때
③ 인류의 구원자이신 예수 그리스도님을 낳으셨을 때
④ 동방박사들에게 아기 예수님을 보여주셨을 때
⑤ 예루살렘 성전에서 사흘 뒤 아기 예수님을 다시 찾아내었을 때
⑥ 사흘 만에 부활하신 예수님을 다시 만나셨을 때
⑦ 하늘에 올라 예수님께 천상 모후의 면류관을 받으셨을 때

요셉 성인의 칠고(七苦)

① 성모의 잉태하심을 보고 그 이유를 알지 못하여 파혼하기로 하였을 때
② 추운 겨울에 아기 예수님이 말구유에 누워 계심을 보았을 때
③ 할례받으시는 아기 예수님이 성혈을 흘리며 우는 소리를 들었을 때
④ 예수님이 장차 수난을 받게 될 것이라는 시메온의 예언을 들었을 때
⑤ 아기 예수님과 마리아를 모시고 이집트로 피신하였을 때
⑥ 유다 땅으로 돌아오면서 새 임금의 흉계로 예수님의 안위가 염려되었을 때
⑦ 예루살렘 성전에서 예수님을 잃고 사흘 동안 보지 못하였을 때

요셉 성인의 칠락(七樂)

① 하느님의 아들이 마리아를 통해 탄생하리라는 천사의 아룀을 들었을 때
② 많은 천사가 하늘에서 내려와 아기 예수님께 경배하고 찬양함을 들을 때
③ 천사가 알려준 대로 아기 이름을 예수라 하여 구세주 되심을 알았을 때
④ 예수님이 장차 만민을 구원할 구세주라는 시메온의 예언을 들었을 때
⑤ 이집트로 들어가실 때 모든 우상이 저절로 쓰러지고 부서짐을 보았을 때
⑥ 나자렛 고향으로 돌아와 예수님과 성모와 함께 살게 되었을 때
⑦ 예루살렘 성전에서 율법 교사들과 토론하시는 예수님을 만났을 때